D1726008

Karl Hagemann
Münster –
Stadt der Kirchen

Karl Hagemann

Münster– Stadt der Kirchen

70 Gotteshäuser
und ihre Gemeinden
im Porträt

Aschendorff Münster

Gesamtherstellung: Aschendorff, Münster Westfalen, 1983

ISBN 3-402-05204-0

Dem Andenken von
Bischof Heinrich Tenhumberg († 1979)
gewidmet

Inhalt

Katholische Kirchen

Evangelische Kirchen

Sonstige Kirchen

Vorwort

Münster: Universitätsstadt, Theaterstadt, Behördenstadt, Garnisonstadt; Stadt der Wiedertäufer und des Westfälischen Friedens, Stadt der Studenten und der Beamten, Stadt der Kneipen und des Karnevals, Stadt der Pättkes und der Fahrräder, Stadt im Grünen ...

Ja, ganz sicher. All diese Attribute treffen zu auf Münster in Westfalen, je nach Perspektive des Betrachters. Und doch fehlt in diesem Mosaik der urbanen Fingerzeige ein wichtiger Stein, ein Charakteristikum Münsters schlechthin: Die Metropolis Westphaliae ist in ganz besonderer Weise auch eine Stadt der Kirchen. Sie war es schon im Mittelalter, sie ist es durch die Jahrhunderte bis heute.

Im Jahre 805 gründete Karl der Große im Land der Sachsen ein neues Bistum. Den friesischen Missionar Liudger (latinisiert Ludgerus), wie er selbst 742 geboren, ernannte Kaiser Karl zum ersten Bischof und übertrug ihm die Christianisierung der Westsachsen. Liudger, der als elfjähriger St. Bonifatius begegnet war, nahm seinen Sitz in der Befestigung Mimigernaford, wo alte Handelswege die gangbare Furt über die Aa kreuzten. Dort gründete er ein Stift, eine klösterliche Gemeinschaft, ein „monasterium" (daraus später: Münster), und erbaute eine dem Völkerapostel Paulus geweihte dreischiffige Basilika, den ersten münsterischen Dom.

Die Bischofsstadt Münster wurde im Frühmittelalter Zentrum einer neuen kirchlichen Organisationsstruktur. Etwa 38 Kirchen im Münsterland und darüber hinaus – so wird angenommen – sind Gründungen des heiligen Ludgerus, der seinem Bistum vier Jahre als Oberhirte vorstehen konnte († 809).

Fast zwölf Jahrhunderte liegen zwischen der ersten Kirche Münsters, der ludgerianischen Kathedrale (wörtlich „cathedra": Bischofsstuhl) vom Anfang des 9. Jahrhunderts und dem jüngsten Gotteshaus der Stadt, der evangelischen Markuskirche im Stadtteil Kinderhaus (1983). Allen vergangenen Jahrhunderten ist gemein, daß in ihnen Kirchen ad maiorem Dei gloriam gebaut wurden, zur größeren Ehre Gottes.

70 von ihnen werden in diesem Band in Text und Bild vorgestellt: 47 katholische Gotteshäuser, 21 evangelische und schließlich die Kirche der Baptistengemeinde und die Synagoge der jüdischen Kultusgemeinde. Münster zählt (Stand 1982) 271 000 Einwohner, davon sind knapp 187 000 Katholiken (69,1 Prozent), rund 73 200 sind evangelisch (27,3 Prozent), und annähernd 10 900 (3,6 Prozent) gehören anderen Bekenntnissen an.

Nicht in diesem Buch berücksichtigt werden konnten Kapellen, Kloster- und Ordenskirchen sowie Krankenhaus- und Hospitalkapellen. 70 Kirchen Münsters im Porträt: Dem unvergessenen Bischof Heinrich Tenhumberg († 1979) dankt der Autor die Anregung, einmal die Gotteshäuser der Stadt Münster in einer Serie vorzustellen – nicht zuletzt diejenigen, welche durch die kommunale Neugliederung im Jahre 1975 zum „alten Münster" dazugestoßen sind. Die überaus große Zahl der Gotteshäuser in der Westfalenmetropole – den furchtbaren Zerstörungen im letzten Krieg zum Trotz – rechtfertigt gewiß den Schluß: Münster – Stadt der Kirchen.

Dem Verfasser kam es darauf an, darzustellen, daß diese Sakralbauten von denen, die sie errichteten, nie als „tote" Baukörper von bestenfalls bau- oder kunsthistorischem Interesse verstanden worden sind. Kirchenbauten waren stets Zeichen und sinnfälliger Ausdruck gläubiger Haltung, sie bildeten dort, wo sie unter oft großen Mühen und Opfern entstanden, neue Kristallisationspunkte religiösen kirchlichen Lebens. Kirche war (und bleibt) buchstäblich „Gottes Haus", von Menschen Hand erbaut.

Eine Gemeinde mit und in der Kirche erfährt sich nolens volens als geschichtlich gewachsen und erklärbar. Im Bewußtsein ihrer eigenen – langen oder jungen – Geschichte, die oft genug ein Spiegel der lokalen oder regionalen Menschheitsgeschichte überhaupt ist, reflektiert sie zugleich das Jetzt. So sind Fragen wie diese mehr als verständlich: Was bewegte die Vorfahren – oft über große Schwierigkeiten hinweg – zum Wagnis eines Kirchbaus, was den Diözesanbischof oder die Kirchenleitung zur Gründung eines neuen Seelsorgebezirkes, zur Verselbständigung eines kirchlichen Gemeinwesens? Welche Hindernisse galt es dabei zu überwinden? Hat dieses Vorbild nicht vielleicht gerade dem heutigen Menschen noch etwas zu sagen? Ja: Kann durch das Verstehen des Gestern im Heute das Morgen nicht zukunftsfroher angegangen werden?

Das geschichtliche Werden der Gemeinden und ihrer Kirchen, die aktuelle pastorale Situation gar, läßt sich durch das historische Erbe besser verstehen und deuten. Solcher Orientierungen bedarf gerade der (gläubige) Mensch im ausgehenden 20. Jahrhundert. Die Schilderung der Individualgeschichte von 70 Gotteshäusern in der Stadt Münster mag dem Leser helfen, solche notwendigen geschichtlichen Bezugspunkte zu finden.

KARL HAGEMANN

Katholische Kirchen

St. Aegidii

Aegidiikirchplatz

Sie klingt geradezu euphorisch – die kunsthistorische Rezension vom 4. November 1877 im „Sonntagsblatt für katholische Christen": Die Aegidiikirche, so heißt es dort, „bietet uns in ihrem neuen Schmuck des Schönen und Erbaulichen eine solche Fülle wie kaum eine andere Kirche Münsters". Mehr als hundert Jahre später haben diese Zeilen wieder Aktualität und Gültigkeit gewonnen, seit die großartigen und für den gesamten nordwestdeutschen Raum bedeutsamen Nazarener-Fresken von St. Aegidii in den Jahren 1978 bis 1981 vollständig restauriert worden sind. Wer das Gotteshaus heute betritt, das außen so unscheinbar wirkt, weil es einst Klosterkirche der Kapuziner war, ist überwältigt von der „reaktivierten" Schönheit der Wand- und Deckenmalereien.

Wie kam es dazu, daß der ganze Raum in den sechziger Jahren des vorigen Jahrhunderts „aus frommem Geist nazarenischer Stilrichtung ausgemalt und bereichert" wurde, wie auf einer Bronzetafel zu lesen steht, die das „Niederdeutsche Münster" an der Kirche anbringen ließ? Nun, die Pfarrgemeinde wollte St. Aegidii um das Jahr 1860 herum ein wenig die Schmucklosigkeit und Kargheit nehmen. Als nämlich die 1611 nach Münster gekommenen Kapuzinermönche diese Kirche in den Jahren 1724–29 erbauten, taten sie dies – wie in franziskanischen Bettelorden üblich – in schlichter, asketischer Form. Johann Conrad Schlaun, Hofbaumeister des Kurfürsten Clemens August von Wittelsbach, erhielt den Auftrag.

Er entwarf einen betont einfach gehaltenen Ziegelbau – mit einem kleinen Dachreiter anstelle des Kirchturms, der saalartige Innenraum einschiffig und von vier Tonnengewölben überdacht. Nur die gegliederte westliche Fassade aus Sandstein bot sich mit barockem Giebelschwung etwas „lebhafter" dar.

Die Nazarener-Fresken von St. Aegidii, vor wenigen Jahren erst „wiederentdeckt", sind über Münster hinaus bedeutsam.

Um also der Kirche im Innern mehr schmückendes Dekor zu geben, sie „atmosphärisch" aufzuwerten, wie man heute sagen würde, erhielt der Frankfurter Maler Eduard von Steinle, herausragendster Vertreter der zu dieser Zeit hoch angesehenen „Nazarener-Schule", den Auftrag, in Wachstempera Wandgemälde und Altarbilder zu fertigen. Zentralthema des Freskenzyklus: Altarssakrament und Eucharistie. Mit erheblichem Zeit- und Kostenaufwand ist es nach 1978 gelungen, die seit 1860 mehrfach übertünchten Gemälde freizulegen und zu restaurieren.

Klosterkirche ist das über 250 Jahre alte Gotteshaus übrigens schon seit 1811 nicht mehr, als die Kapuzinerpatres nach der Säkularisierung das Feld räumen mußten. Der gesamte Ordensbesitz wurde versteigert. Die Kirche – all ihrer Kunstschätze beraubt – diente jahrelang als Zeughaus für das preußische Militär. Lediglich die reich geschnitzte Kanzel (Motiv: Christus überreicht dem heiligen Franziskus die Ordensregel) hat die Wirren dieser Zeit „überlebt" und schmückt noch heute die Kirche.

Zur Pfarrkirche der St.-Aegidii-Gemeinde wurde die ehemalige Ordenskirche „erst" im Jahre 1823. Die Umstände sind heute vielfach in Vergessenheit geraten, weil so gar nichts mehr an diese Zeit erinnert: Dort, wo jetzt der Aegidiimarkt mit Tiefgarage, Geschäftszentrum und Wohnappartements ist, und bis zum letzten Krieg die große Aegidiikaserne stand, erhob sich mehr als 600 Jahre lang die alte Aegidiikirche: das einzige Gotteshaus mit dem Patronat des südfranzösischen Heiligen Aegidius († 720) im ganzen Bistum; auch heute noch ist St. Aegidii diözesanweit die einzige Kirche mit diesem Patrozinium.

Es war schlichte Baufälligkeit, die „Alt-St. Aegidii" am 2. Mai 1821 hat einstürzen lassen. „Der Turm sank mit seiner Last auf die Kirche und zerschlug alles bis an das Chor hin, so daß nichts wie die Außenwände stehen blieben", heißt es in einem zeitgenössischen Bericht. Vorsorglich hatte der damalige Oberpräsident von Vincke die Kirche zuvor wegen des immer bedrohlicher werdenden Zustandes schließen lassen. Die Bauruine wurde dann recht bald eingerissen, später auch das angrenzende Kloster der Zisterzienserinnen, das etwa zur selben Zeit wie die mittelalterliche Pfarrkirche erbaut worden war.

Was lag daraufhin näher, als der Aegidiigemeinde die ehemalige Kapuzinerkirche abzutreten, die dafür im Austausch der preußischen Regierung das alte Kirchengelände an der Ecke Rothenburg überließ. Den Verantwortlichen der um 1174 gegründeten Pfarre (sie ist etwa gleich alt wie St. Ludgeri und St. Martini) fiel dieser Entschluß indes nicht leicht, waren doch an dieser Stelle, rund um die frühere Pfarrkirche, 600 Jahre lang auch die Toten der Gemeinde bestattet worden. Am 25. Januar 1823 konnte der erste Gottesdienst in der (heutigen) Aegidiikirche gefeiert werden. Das Patronat wurde übernommen, das Gotteshaus war ja nur einen kräftigen Steinwurf weit „gewandert" . . .

3

Heute ist St. Aegidii mit gut 900 Katholiken die kleinste Gemeinde unter den 42 katholischen Pfarreien Münsters, noch hinter St. Josef in Gelmer und St. Agatha in Angelmodde. Pfarrer Wilhelm Im Winkel nennt als Ursache für das Absinken der „Seelenzahl" die „Entvölkerung der Innenstadt" und den „Mangel an familiengerechten Wohnungen". Fingerzeig sei die Zahl der Taufen: 1981 zwölf und 1980 sogar nur sechs.

St. Agatha

Kirchplatz, Angelmodde   (Lageplan Nr. 2)

Wer in Münster exemplarisch ein Gotteshaus vom Typus „Dorfkirche" sucht, der lenke seine Schritte nach Angelmodde, um ihn hier verwirklicht zu finden wie an kaum einem anderen Ort der Stadt: Unweit des Fleckens, wo die Angel in die Werse mündet, erhebt sich seit mehr als 800 Jahren St. Agatha. Die kleine gewölbte Saalkirche aus dem Ende des 12. Jahrhunderts gehört zu den ältesten Kirchen Münsters überhaupt (etwa gleich alt wie St. Lamberti oder St. Mauritz) und ist in ihrer charakteristischen Stufung von Apsis, Chor, Langhaus und Westturm typisch für die Dorfkirche des Münsterlandes seit romanischer Zeit.

Die charakteristische Stufung von Apsis, Chor, Langhaus und Westturm verrät die romanische münsterländische Dorfkirche.

Vieles deutet darauf hin, daß die Angelmodder Pfarrkirche eine noch früher zu datierende Vorgängerin gehabt hat. Denn bei Grabungen anläßlich der jüngsten Renovierung 1977/78 wurden tausend Jahre alte Knochenreste gefunden, die auf einen Friedhof schließen lassen; und einen solchen „Gottesacker" pflegte man früher stets um die Kirche herum anzulegen. Wahrscheinlich also, daß es schon vor der Jahrtausendwende hier ein bescheidenes Holzkirchlein gegeben hat. Die Siedlungsgeschichte von Angelmodde („Angelmündung"?) reicht ohnedies bis in das 8. Jahrhundert zurück. Heimatforscher Heinrich Füser hat in diesem Zusammenhang einmal an den heiligen Suitbert erinnert, einen angelsächsischen Mönch, der nach 700 in dieser Gegend missioniert und hier „mit Hilfe der Herren vom Sandberge, der späteren Herren von Angelmodde, das erste Gotteshaus weit und breit errichtet haben soll".

Die St.-Agatha-Kirche ist um 1175 aus verputztem Bruchsteinmauerwerk errichtet worden. Über dem Dachfirst des niedrigen Chores, der sich im Osten an die Apsis anschließt, steigt der First des einschiffigen Kirchenraumes höher hinauf und wird wiederum überragt vom massigen Westturm.

Die romanische Kirche hat ihren ursprünglichen Raumeindruck wahren können und gilt heute als besterhaltene im ehemaligen Oberstift Münster. Was ein wenig verwundern mag, bedenkt man die überaus wechselvolle Geschichte, in der dem Dörfchen Angelmodde gelegentlich übel mitgespielt wurde. Erinnert sei an das besonders fehdereiche 14. Jahrhundert, als Angelmodde von plündernden Söldnern heimgesucht wurde; an den Durchzug des Fürstbischofs Franz von Waldeck bei den Wiedertäuferunruhen; an die schweren Jahre des Spanisch-Niederländischen Krieges – mehrfach begleitet von der Geißel Pest; an den 30jährigen Krieg mit Raubzügen, Plünderungen und einem gewaltigen Brand (1646), bei dem auch die Kirche in Flammen aufging; an die Kämpfe des Fürstbischofs Christoph Bernhard von Galen, als das Dörfchen einem Heerlager glich; an das besonders schwere Brandunglück im Jahre 1831, als das Feuer aus dem Kirchendach und Turm von St. Agatha schlug.

Von dem trutzigen Kirchturm übrigens, der wie die Mauern des Kirchenschiffes aus unbehauenen Alberloher Bruchsteinen besteht, wird überliefert, daß er einst in besonders gefährlichen Zeiten als eine Art Fliehburg gedient hat; Rückten feindliche Horden an, verschanzten sich die Bewohner

4

des Kirchspiels in den oberen Geschossen. Eine leicht abzuriegelnde Höhentreppe in der Südmauer führte in die oberen Turmgewölbe.

An der Südseite des Gotteshauses steht ein Gedenkstein, auf dem zu lesen ist: „Seit Menschengedenken bis zum Jahre 1935 sind hier alle Toten von Angelmodde beerdigt worden". Auch das berühmteste „Kind" der Pfarre, Fürstin Amalie von Gallitzin, ist hier bestattet. Sie, die Tochter des in preußische Dienste getretenen Generalfeldmarschalls Reichsgraf Samuel von Schmettau, hatte schon vor ihrem Tod am 27. April 1806 verfügt, daß sie auf dem Angelmodder Friedhof („an dem Platz, wo die Armen liegen") beigesetzt werden wollte.

Im Jahre 1779 war die Adelige, die später im Volksmund „Mutter der Armen und Bedrängten" genannt wurde, mit ihren Kindern nach Münster gezogen, nachdem sie von der „Schulordnung" des Ministers und fürstbischöflichen Generalvikars Freiherr von Fürstenberg gehört hatte. Der Ascheberger Hof auf der Grünen Gasse (im Oktober 1943 zerstört) war ihre Stadtwohnung. Im „Haus Angelmodde" (1906 abgebrannt) wohnte sie im Sommer.

Der Name der Fürstin, die sich der Bewunderung Goethes sicher sein durfte, der sie im Jahre 1792 in Münster besucht hat, ist fest mit dem „Kreis von Münster", der „familia sacra" verbunden. Ihm gehörten so bedeutende Persönlichkeiten wie Overberg, Fürstenberg, Droste zu Vischering, Stollberg, Hamann und Hemsterhuis an. Goethe über seinen Besuch bei der Gräfin, die 1786 zum katholischen Glauben übertrat und insgesamt 27 Jahre in Münster und Angelmodde gelebt hat: „Ich bin aus der Champagne eigens hier nach dem frommen Münster gekommen, um diese interessante Frau kennenzulernen . . ."

Nicht viel erinnert heute an die geruhsame Abgeschiedenheit des Dorfes Angelmodde und sein ländliches Idyll, wie „die Gallitzin" es vor mehr als 175 Jahren angetroffen hat. Anno 1818 zählte der Ort gerade 200 Einwohner, selbst 1933 waren es erst 314. Daß die Zahl in den folgenden 40 Jahren auf über 7000 anschnellte, ist ein besonderes Phänomen.

Der Pfarrer von St. Agatha, Dr. Hans Werners, der zugleich Referent für die Seelsorge und Fortbildung der Akademiker im Bistum ist, weist darauf hin, daß Angelmodde mittlerweile über eine „klassische Stadtrandbevölkerung" verfügt aufgrund der großen Zahl der Neubürger nach dem letzten Krieg. Was nichts daran ändert, daß der Spruch „Mönster bliff Mönster" von den Alt- und Jungeingesessenen ungerührt mit einem ebenso lakonischen „Angelmue bliff Angelmue" gekontert wird . . .

St. Anna

Dingbängerweg, Mecklenbeck

(Lageplan Nr. 3)

Die in zeitloser Modernität erbaute Kirche wurde buchstäblich auf grüner Wiese errichtet – Teil einer vielfunktionalen Baugruppe, liturgisch wandelbare Mehrzweckkirche, zentraler Brennpunkt des gemeindlichen Lebens. Und doch knüpft die 1972 fertiggestellte St.-Anna-Pfarrkirche in vielem an alte Traditionen in Mecklenbeck an. An die Geschichte eines Ortsteiles von Münster, der in zwei Jahrhunderten eine rasche Entwicklung durchmachte von einer bäuerlichen Ansiedlung vor den Toren der Stadt hin zur modernen, vielgestaltigen Stadtrandgemeinde.

Mindestens seit 1720 werden in Mecklenbeck Gottesdienste gefeiert: Eine Quittung aus diesem Jahr über sieben „Reichsthaler" bezeugt, daß die „Franziskaner von der strengen Observanz" (also Patres der Gemeinschaft der Franziskaner-Observanten) an den Sonn- und Feiertagen von Münster aus über die „Mecklenbecker Stiege", einem sandigen Karrenweg, nach Mecklenbeck kamen, um hier in der Bauerschaft die heilige Messe zu lesen; später waren es Jesuiten. Etwa 1723 ist an der Kreuzung der Stiege mit dem heutigen Dingbänger Weg ein erstes Kapellchen in Fachwerkbauweise errichtet worden.

Ein wichtiger Zeitzeuge für die Geschichte von St. Anna in Mecklenbeck ist im Oktober 1972 für immer aus dem Blickfeld verschwunden: das alte backsteinerne Gotteshaus mit seinem markanten spitzen Turm, Vorgänger der heutigen Kirche und ebenfalls der Mutter Mariens geweiht. „Von 1845 bis 1972 stand hier die St.-Anna-Kirche" ist heute an gleicher Stelle auf einer Tafel in einer kleinen Kapelle zu lesen.

Trotz mehrfacher Vergrößerung (1886 und 1935) mußte die Kirche schließlich – immer noch zu klein und verkehrstechnisch sehr ungünstig gelegen – einem Neubau an anderer Stelle weichen. 1903 war der Seelsorgsbezirk Mecklenbeck zusammen mit St. Antonius von St. Lamberti abgepfarrt worden. Bis dahin, so erinnern sich alteingesessene Mecklenbecker noch heute lebhaft, war es selbstverständlich, daß sich die Kinder zu Fuß zum Kommunionunterricht nach Lamberti aufmachten.

1906 erfolgte die Erhebung zum Rektorat, 1952 zur selbständigen Pfarrei.

Die Pläne für einen Neubau von St. Anna wurden 1965 konkret, bereits ein Jahr später konnte im Tauschverfahren ein geeignetes Grundstück erworben werden. 1967 erhielt Professor Harald Deilmann für seinen Entwurf eines Pfarrzentrums den Zuschlag, das als stufenförmig gestaffelter Halbkreis konzipiert war und sich zur Straße hin öffnen sollte. Am 27. Juni 1971 war im Beisein des damaligen Generalvikars Dr. Reinhard Lettmann feierliche Grundsteinlegung für das 2,1-Millionen-Projekt. Im Februar 1972 wurde Richtfest gefeiert, und am 23. Oktober weihte Weihbischof Laurenz Böggering die neue St.-Anna-Kirche ein.

Wabenförmig greifen in St. Anna in Mecklenbeck die einzelnen Deckenteile des Gotteshauses ineinander.

das Kircheninnere. Ein weiteres Lichtband verläuft ringsum, den „oculi" der altromanischen Kirchbauten nicht unähnlich. Die relative Nähe aller Gottesdienstbesucher zum Altarraum erweist sich als besonderer Vorteil: Mikrofone sind in St. Anna überflüssig, alle Gläubigen können unmittelbar am liturgischen Geschehen Anteil nehmen.

Im übrigen ist das Gotteshaus, seinem Charakter als Mehrzweckkirche entsprechend, offen für einen möglichen späteren Wandel. Ein Teil wurde gewissermaßen aus dem „Luftraum der Kirche" gewonnen und bildet über dem „Seitenschiff" mit niedriger Raumhöhe den Pfarrsaalanbau.

Übereinstimmender Wunsch aller Pfarrangehörigen war es, wertvolle oder auch liebgewonnene Teile der Innenausstattung von „Alt-St.-Anna" in die neue Kirche hinüberzuretten: das alte Kirchengestühl, die 24registrige Orgel, den noch aus St. Lamberti stammenden neugotischen Taufstein (1908), den Nazarener-Kreuzweg, das wertvolle geschnitzte Kreuz über dem Chorraum, die Ikone der „Immerwährenden Hilfe", die Statue der Mutter Anna und manches mehr.

Wie schon sein Vorgänger Waldemar Menzel (bis 1974) ist auch Pfarrer Felix Lenfers sehr froh, für die mittlerweile rund 5000 Angehörigen der Gemeinde ein vielfältig nutzbares Pfarrzentrum zur Verfügung zu haben. Das weit ausgedehnte Pfarrgebiet (von Altenroxel bis zum Autobahnzubringer, von der Boeselager Straße bis zur Hansalinie) mit seinen sieben verkehrlich schlecht verbundenen Siedlungsteilen bedingt „weite Wege zur Kirche" (Lenfers). Da gewinnt in einer wachsenden Gemeinde ein solches zentral liegendes Haus immer größere Bedeutung. Um die Jahrhundertwende wurden in Mecklenbeck rund 500 Katholiken gezählt, heute sind es zehnmal so viel . . .

Wer heute das Gotteshaus betritt, das mit Kindergarten, Pfarrhaus und Gemeindesaal/Bücherei einen nahtlosen Übergang bildet, ist überrascht von der Atmosphäre, die der Innenraum ausstrahlt. Drei durch die Höhe der Decke voneinander abgehobene Kirchenteile greifen wabenförmig ineinander. Die hohen Wände aus Sichtbeton sind fächerartig gesetzt. Durch hohe Fensterbänder fällt ausreichend Licht in

St. Antonius

Weseler Straße   (Lageplan Nr. 4)

Das Ergebnis der Sammlung bei einer Zusammenkunft des „Antonius-Vereins" lautete auf 24 104 293 000 000 Mark. In Worten: gut 24 Billionen, also 24 000 Milliarden Mark – eine Zahl mit 14 Ziffern. Zur Erklärung: Es handelte sich um das Inflationsjahr 1923. Die katholische Antonius-Pfarrgemeinde setzte zu dieser Zeit alles daran, nach Fertigstellung des äußeren Kirchbaus auch das Innere des Gotteshauses würdig zu gestalten. Es fehlte noch an vielem, denn mitten im Ersten Weltkrieg, am 27. November 1917, war St. Antonius von Bischof Dr. Johannes Poggenburg eingeweiht worden.

Bischof Dr. Michael Keller schrieb 1959 in einem Glückwunsch zur 50-Jahr-Feier der Pfarre: „Ich erinnere mich noch gut, wie ich als kleiner Junge täglich auf meinem Schulweg über den Platz ging, auf dem heute Euer schönes Gotteshaus steht." Wo sich heute die Antoniuskirche erhebt, am verkehrsumtosten Schnittpunkt von Weseler Straße und Moltkestraße, lag früher der alte Aegidii-Ludgeri-Friedhof. Auf

ihm wurden bis 1885 die Toten beider Gemeinden bestattet, später verwilderte er zusehends. Es war lange höchst umstritten, ob an diesem oder einem anderen Ort eine neue Kirche für den Stadtteil „Pluggendorf" gebaut werden sollte. Das Plazet des Bischofs Hermann Dingelstad gab schließlich den Ausschlag, wenngleich der Friedhof keineswegs inmitten der Gemeinde lag. Die drei alternativ genannten Plätze hätten zu hohe Kosten verursacht.

Die Notwendigkeit, von der Lambertigemeinde südwestlich ein weiteres Pfarr-Rektorat abzutrennen, deutete sich schon vor der Jahrhundertwende an. Kaplan Gerhard Tenhumberg von St. Lamberti, später erster Pfarrer, wurde mit der Betreuung des entstehenden neuen Seelsorgebezirks beauftragt. Als Kirchenpatron wurde der Heilige Antonius von Padua erwählt, nicht zuletzt deshalb, weil jahrhundertelang eine Prozession an einer Antoniusstatue an der Geiststraße (1944 zerstört) vorbeiführte – Zeugnis für die seit dem

9

Der Kirchenraum von St. Antonius mit seinem deutlich erhöhten Chor ist von ansprechender Schlichtheit.

17. Jahrhundert belegte Antonius-Verehrung im ganzen Münsterland.

Am 4. Februar 1900 kam es zur Gründungsversammlung eines Antonius-Vereins, der sich mit großem Elan daran machte, Geld für einen Kirchbau zu sammeln. Selbst der Diözesanbischof stand da nicht abseits und ließ ein 5000-Mark-Geschenk überreichen. Am Lichtmeßtag 1902 konnte immerhin schon eine Not- und Behelfskirche aus Holz errichtet werden. Zu diesem Zeitpunkt wohnten in dem Pluggendorf-Bezirk vor dem Aegidii-Tor schon weit mehr als 3000 Katholiken. Zahlreiche Bürger steuerten ein Scherflein für die Ausstattung der ersten Antoniuskirche bei.

Gleichwohl schauten die Verantwortlichen schon bald darauf, wie sie ein „richtiges" Gotteshaus bauen könnten, zumal der Bischof das Rektorat St. Antonius mit Urkunde vom 1. April 1909 zur selbständigen Pfarrgemeinde erhob. Nachdem die leidige Platzfrage entschieden war, gewann das Kirchbauprojekt St. Antonius zunehmend an Konturen: 1913 fand ein Architektenentwurf von Professor Becker aus Mainz Zustimmung, eine Kirche im neubarocken Stil zu errichten. Anfang 1914, acht Wochen vor Ausbruch des Ersten Weltkrieges, war der erste Spatenstich. Trotz erheblicher Kriegsbeeinträchtigung gelang es, das Gotteshaus, eine mächtige Doppelturmanlage, Stück um Stück fertigzustellen. Ein Unglück ereignete sich am 5. Oktober 1915, als das Gerüst der riesigen Kuppel einstürzte und drei Arbeiter den Tod fanden. Oktober 1916 war der Rohbau fertig, und im November 1917 konnte die Einweihung stattfinden.

Gut 25 Jahre später mußte die Gemeinde mit ansehen, wie ihr großartiger Kirchbau in Schutt und Asche sank. In den Jahren 1943/44 wurde die Kirche völlig zerstört und verwüstet. Am 12. September 1944 stand der gesamte hölzerne Dachstuhl in hellen Flammen. Die Chronik: „Es war ein grausiger Anblick, den die hell lodernden Flammen der Türme und Kuppeln boten. Bis in die Dämmerung hinein leuchtete das glühende Eisengerüst der Kuppel. Der Kirchenraum war ein Ort des Grauens und der Öde..."

Was kaum mehr jemand für möglich gehalten hatte, trat mit dem Wiederaufbau der Antoniuskirche ein. Die Pfarrgemeinde erhielt über viele Jahre Gastrecht im Kloster der Armen Klarissen und auf der Friedrichsburg bei den Vorsehungsschwestern; bald konnte auch in der Krypta wieder Eucharistie gefeiert werden. Unter der Regie von Pfarrer Joseph Tömmers wurde der Sakralbau in veränderten Formen (u. a. Verzicht auf Kuppel, Querhaus und alles Barockdekor) wieder errichtet. Professor Dominikus Böhm (Köln) hatte den Plan gefertigt. Am 3. August 1952 konnte Weihbischof Heinrich Baaken die „neue" Antoniuskirche konsekrieren.

Das schon zur Zeit der Pfarrgründung erkannte Problem der Randlage von St. Antonius stellt sich „bis heute in unverminderter Weise" (Pfarrer Norbert Orthen): Im Süden und Westen schließen die Pfarrgrenzen Haus Sentmaring und die Annette-Allee mit ein – „aber mit der Randlage müssen wir leben". 4300 Katholiken wohnen heute in St. Antonius.

St. Bernhard

Höftestraße, Angelmodde (Lageplan Nr. 5)

Anno 1953: Sämtliche Haushaltungen von Angelmodde erhielten ein Handschreiben zugestellt mit der Aufforderung, „durch Gebet, durch werktätige Mitarbeit beim Bau und durch Geldspenden die Errichtung eines Gotteshauses an der Höftestraße zu fördern". Eine Bitte, die nicht ungehört verhallte. War es doch allgemeine Überzeugung, und das schon seit Jahren, daß „endlich" ein Kirchenneubau für die Katholiken in den Neubaugebieten von Angelmodde-West her mußte. St. Agatha in Angelmodde-Dorf war recht weit entfernt und zudem viel zu klein.

„Schon der hochselige Bischof von Münster, Kardinal Graf von Galen, war auf einen Wandel bedacht", heißt es in einer Chronik zur Gründung der Bernhard-Kirche. Bei einem Besuch im Jahre 1943 nämlich machte er deutlich, daß in Angelmodde-West „baldmöglichst" eine neue Kirche gebaut werden müsse. Doch es sollten noch 16 Jahre ins Land gehen, bis das Gotteshaus eingeweiht werden konnte.

Krieg und Nachkriegszeit ließen einen Kirchenbau zunächst nicht zu. Nach einigen vergeblichen Anläufen wurde im Sommer 1953 ein Kirchbauverein gegründet. Dann ging es Schlag auf Schlag. Sammler besuchten mit dem „Klingelbüel" die Häuser; die Altherrenkicker stifteten Eintrittsgelder eines Fußballspiels Angelmodde „Ost" (Dorf) gegen „West"; die Feuerwehr steuerte den Erlös ihrer „Theaterabende" bei; Schulkinder führten kleine Bühnenspiele auf – Eintrittsgroschen für die neue Kirche ...

Am 18. Mai 1957 wurde auf dem Kirchbauplatz (vom Hof Homann-Niehoff) der erste Spatenstich vorgenommen. Der heutige Domkapitular Dr. Paul Hellbernd sprach die Segensgebete. Zwei Monate später die Grundsteinlegung – der eingemauerte Urkundentext lautete: „Im Jahre des Heiles 1957, am 8. Juli, im 19. Jahre des Pontifikates Seiner Heiligkeit, des Papstes Pius XII., als Dr. Michael Keller Bischof von Münster, Theodor Wiemann Dechant unseres Dekanates Hiltrup, Alfred Schürmann Pfarrer und P. Wilhelm Hagedorn MSC Subsidiarius in Angelmodde waren; als Dr. Paul Eising Oberkreisdirektor und Dr. Hugo Pottebaum Landrat im Landkreis Münster waren; als Siegfried Färber Amtsdirektor und Wilhelm Wickensack Amtsbürgermeister im Amte

Wolbeck und Josef Lütke Twenhöven Bürgermeister der Gemeinde Angelmodde waren, weihte und legte der Hochwürdigste Herr Generalvikar Laurenz Böggering diesen Grundstein zur Kirche des Abtes und Kirchenlehrers Sankt Bernhard."

Die Entscheidung für das Patrozinium des Heiligen Bernhard von Clairvaux fiel übrigens schon 1953, dem Jahr der 800. Wiederkehr des Todestages des Predigers und Kirchenlehrers. Damals auch wurde festgelegt, daß St. Bernhard ein einfacher und schlichter Sakralbau werden sollte, dem Gebot der Sparsamkeit folgend. Der unermüdliche Einsatz zahlreicher ehrenamtlicher Helfer trug entscheidend dazu bei, dies Ziel zu erfüllen. An den Erdarbeiten beispielsweise waren,

wie die Chronik vermerkt, „an die zehn Traktoren und rund 50 Mann, die am Rohbau Bodenerde einfuhren, auffüllten und planierten", beteiligt. Am 11./12. April 1959 konnte der damalige Weihbischof Heinrich Tenhumberg die feierliche Konsekration von Kirche und Altar vornehmen.

Im Mai 1966 wurde dann aus dem Rektorat St. Bernhard eine selbständige Pfarrei. Sie zählt heute 3400 Katholiken. Daß die Kirche mittlerweile nicht mehr „im Dorf" liegt, wird durch den Neubauschwerpunkt Waldsiedlung verursacht. Pfarrer Johannes Staufenbiel: „Das bedeutet für sehr viele weite Wege zur Kirche." Die Pfarrgrenzen bilden einerseits Albersloher Weg und die Werse, andererseits Paul-Gerhardt-Weg und der Emmerbach.

St. Bonifatius

Cheruskerring

(Lageplan Nr. 6)

Das Fenster über der Taufkapelle von St. Bonifatius deutet die Eingliederung des Menschen in die Heilsgeschichte.

Man nennt ihn den „Apostel der Deutschen". An seinem Grab im Dom zu Fulda versammelt sich alljährlich die Deutsche Bischofskonferenz, Papst Johannes Paul II. verweilte hier bei seinem Deutschland-Besuch in November 1980 zu stillem Gebet: Die Rede ist von St. Bonifatius, der ursprünglich den Namen Winfrid trug. Ihm, dem angelsächsischen Benediktiner, ist wie kaum einem anderen die Christianisierung des ganzen deutschen Raumes im 8. Jahrhundert zu danken. Bonifatius war der Gründer mehrerer deutscher Bistümer. Als er im Jahre 754 – mittlerweile 80jährig – noch einmal in die Friesenmission ging, wurde er von einem „Heiden" erschlagen.

Es fand Anfang der sechziger Jahre breite und ungeteilte Zustimmung in der ganzen Heilig-Kreuz-Gemeinde, die neu zu erbauende Tochterkirche am Cheruskerring nach dem heiligen Bonifatius zu benennen. Die Grundsteinurkunde vom November 1963 zu diesem erst- und einmaligen Patrozinium in Münster: „Die Gläubigen der künftigen Gemeinde sehen in diesem tapferen Verkünder der Botschaft Jesu Christi ihr Vorbild. In der Einmütigkeit mit dem Papst hat der Pfarrpatron auch auf diesem Boden unserer Heimat selbstlos und demütig das Wort Gottes verkündet und es mit seinem Leben bezeugt. Unter seiner Fürsprache will die kommende Gemeinde als brüderliche Gemeinschaft ein Zeugnis der Glaubenstreue und des apostolischen Eifers geben."

Es sei „höchste Eisenbahn", pflegte man schon Ende der Fünfziger im Schatten der 1902 eingeweihten Pfarrkirche Heilig Kreuz zu sagen, die mit beinahe 13 000 Seelen längst übergroß gewordene Gemeinde zu teilen und ein neues Gotteshaus zu bauen. Eine Abpfarrung schien aus pastoraler Sicht dringend geboten. Eine Zeitlang wurde sogar ernstlich erwogen, gleich zwei neue Kirchen zu bauen: Eine St.-Heinrichs-Kirche sollte auf dem Gelände der heutigen

Wichern-Realschule entstehen und St. Bonifatius im Eck von Falgerstraße, Wagenfeldstraße und Bahlmannstraße.

Kaplan Leo Risse von Heilig Kreuz, der spätere Pfarrer von Bonifatius, erhielt vom Bischof den Auftrag, die Pfarr- und Kirchgründung in die Hand zu nehmen. Die Mutterpfarre legte sich damals kräftig ins Zeug: 1,2 Millionen sollte das neue Gotteshaus kosten. Auf 250 000 Mark belief sich der Eigenanteil der Gemeinde. Mit besonderen Kollekten und Sammlungen, aber auch per Dauerauftragszahlung kam diese Summe zu Beginn der sechziger Jahre zusammen. Sie seien zuversichtlich, „auf die oft bewährte Opferbereitschaft vertrauen" zu dürfen, schrieben Geistlichkeit, Pfarrkomitee und Kirchenvorstand damals in einem Pfarrbrief.

Den Entwurf für den Sakralbau lieferten die Architekten Eberhard-Michael Kleffner – Diözesanbaumeister des Bistums Essen – und Christa Kleffner-Dirxen. Am 22. August 1963 konnte der erste Spatenstich stattfinden, und am 10. November legte der damalige Generalvikar Laurenz Böggering den „lapis primarius", den Grundstein. Es war „leider ein regnerisch trüber Nachmittag", wie die Westfälischen Nachrichten in Münster berichteten. Der Generalvikar in seiner Predigt: „Wenn Gott das Haus nicht baut, dann bauen die Bauleute vergebens."

Weihbischof Heinrich Tenhumberg weihte die Bonifatius-Kirche am 18. Dezember 1965 unter großer Anteilnahme der Bevölkerung ein. Das Lob über das gelungene Gotteshaus mit seinem seitlich stehenden „Campanile" war groß, die Freude über den glücklich vollendeten Kirchbau allenthalben zu spüren. Anfang August 1966 wurde das Rektorat St. Bonifatius zur selbständigen Pfarre erhoben.

Die Architekten haben St. Bonifatius altarzentriert gestaltet: Das Gotteshaus bezieht eine elementare Raumwirkung aus der Zuordnung aller Proportionen auf den mächtigen Altarstein hin. Der Baukörper entfaltet sich „von innen nach außen", Chor und Schiff bilden eine großräumige Einheit.

Die Glasfenster sind eine Arbeit des Kunstmalers Karl Clobes (Würzburg) und in Kevelaer angefertigt worden. Das Fenster über dem Hauptportal beispielsweise zeigt einen „Lebensbaum"; das Fenster über der Taufkapelle weist auf die Eingliederung des Menschen in die Heilsgeschichte; ein weiteres Fensterbild an der Ostseite erinnert an die Vollendung des Menschen. Der Bildhauer Josef Baron (Unna) schuf Altar, Tabernakelstele, Ambo und Taufstein.

2500 Katholiken zählt St. Bonifatius heute. Die Gemeinde wird umgrenzt von Görresstraße, Wienburg, Kanalstraße und Melchers- bzw. Kettelerstraße. Zu den „Aktivposten" der Pfarre zählt Pfarrer Leo Risse u. a.: Bücherei, Caritaskreis, Krankenhausdienst, Familienpflege, Laienapostolischer Arbeitskreis, Frauengemeinschaft, Bildungswerk, Leprahilfe, Ministranten, Jugendgruppe, Katechetenkreis, Helferinnengruppe und Kommunionshelferkreis.

Clemenskirche

Klemensstraße

Trotz der Totalzerstörung im letzten Krieg gelang es, die barocke Clemenskirche in alter Schönheit wiederherzustellen.

Die Deckengemälde (hier die Aufnahme des heiligen Clemens in den Himmel) entstanden nach alten Fotos neu.

Man schrieb das Jahr 1732, als Clemens August von Bayern, Kurfürst von Köln und Fürstbischof von Münster, „zu mehrerem Troste seiner Untertanen" den Bau eines Hospitals der Barmherzigen Brüder in der Stadt Münster beschloß. Er stellte 100 000 Gulden bereit und berief als Krankenpfleger aus seiner bayrischen Heimat die Brüder des Ordens des Heiligen Johannes von Gott („Johannis de Deo"). Wer heute vor der 1944/45 nahezu völlig zerstörten Clemenskirche steht und ihre (unfreiwillige) städtebauliche Isolation betrachtet, der kann sich das Gotteshaus nur noch schwer als Eck- und zugleich Mittelpunkt eines Kloster- und Hospitaltraktes mitten im Herzen Münsters vorstellen.

St. Clemens gilt als bedeutendster Sakralbau des westfälischen Barock. Johann Conrad Schlaun, Münsters großer Baumeister, der auch den benachbarten Erbdrostenhof und später das Schloß ausführte, erbaute ihn in den Jahren 1745 bis 1753 als Hauskirche des Clemenshospitals. Bei der Grundsteinlegung am 30. Juni 1745 widmete Fürstbischof Clemens August die Kirche seinem Namenspatron, dem Märtyrerpapst Clemens I. Schlaunschem Erfindungsreichtum war es zu danken, daß das eckig geschnittene Grundstück optimal ausgefüllt wurde, indem der Baumeister die Kirche in genialer Weise als Rundkörper aus dem Spitalkomplex halb heraustreten und mit ihrer geschwungenen Fassade einen kleinen Vorplatz beherrschen ließ. Die Krankenhaus- und Klostertrakte „entließen" den zylindrischen, überkuppelten Bau aus ihren schlichten Ziegelwänden an der Spitze einer Straßenecke . . .

Die Säkularisation hatte 1811 einschneidende Änderungen zur Folge. Bis zum Jahre 1818 mußten die Mitglieder des Ordens der Barmherzigen Brüder nach und nach Münster verlassen. Das ganze kirchliche Gerät wurde versteigert. Später übernahmen die Barmherzigen Schwestern („Elisabethanerinnen") die Krankenpflege in dem nunmehr städtischen Hospital.

Es war am 30. September 1944: Die wunderbare Kuppel von St. Clemens mitsamt den Fresken, Stuckornamenten und Halbreliefs stürzte nach Bombenvolltreffern in die Tiefe und begrub den Kirchenraum unter sich. Die Steinmassen türmten sich meterhoch. Nur die nackten Umfassungsmauern hatten standgehalten, wenngleich sie vom Luftdruck gerissen waren. Bei den ersten Luftangriffen auf Münster im Oktober 1943 waren bereits die Hospitaltrakte durch Brand- und Sprengbomben völlig zerstört worden; Dach und Glockenturm brannten aus.

Schutzlos war die Ruine in den Folgejahren dem Unbill der Witterung ausgesetzt. Erst 1949/50 erfolgten erste Sicherungsarbeiten. Es gilt als offenes Geheimnis, daß Kunstdiebe in diesen Jahren so manches wertvolle Teil aus den Trümmern zogen und beiseite schafften. Erst 1955 wurde der Beschluß des Wiederaufbaus gefaßt – nicht unmaßgeblich

forciert durch den damaligen Kultusminister Schütz, einen alten Münsteraner. Auf die Wiedererrichtung des (bereits abgetragenen) Hospitalbaus freilich mußte verzichtet werden. So entstand die bereits für immer „tot" geglaubte Clemenskirche in den Jahren 1956 bis 1959 (außen) und 1961 bis 1974 (innen) als Rundkirche mit freistehendem Glockenturm wieder – in Abänderung des Schlaunschen Außenbau-Themas.

Zehntausende strömten in nur wenigen Monaten in die Clemenskirche, als das Gotteshaus nach 30 Jahren erstmals wieder geöffnet war. Von erfolgter Restaurierung zu sprechen, wäre nicht ganz richtig. Denn genau besehen, handelt es sich weitgehend um eine Art Kopie des Schlaunschen Sakralbaus: Baubefunde, erhaltene Reste (Säulen, Gebälke und Nischen etwa), Pläne, Fotos und Farbdias boten die Grundlage, das spätbarocke Gesamtkunstwerk mit all seinem Formen- und Farbenreichtum, seinen Figuren, Stuck-ornamenten, Fresken und Altargemälden durch unzählige Akte des „Noch-einmal-Schaffens" zurückzugewinnen. In jahrelangen Anstrengungen gelang es, dem Kirchenraum durch die Verbindung von norddeutschem Barock und süddeutsch dekorativem Rokoko jene Festlichkeit zurückzugeben, die ihn fast zwei Jahrhunderte ausgezeichnet hatte.

Die Stadt Münster als Eigentümerin der Kirche übertrug später die Nutzungsrechte dieses „einzigartigen Juwels barocker Baukunst in Nordwestdeutschland" (so Kunstexperten bei der Wiedereröffnung) dem Bistum Münster. Bischof Heinrich Tenhumberg widmete St. Clemens der Ausländerseelsorge, insbesondere der kroatischen Gemeinde in Münster. Aber auch für Gottesdienstübertragungen, geistliche Konzerte und Hochzeiten wird das kleine Gotteshaus gerne genutzt.

St. Clemens alt und neu,

Westfalenstraße und Hohe Geest, Hiltrup   (Lageplan Nr. 8)

Wenn sich ein Ortsunkundiger heute im über ein Jahrtausend alten Hiltrup nach St. Clemens erkundigt, wird er dazusagen müssen, ob er die alte oder die neue Kirche der traditionsreichen Gemeinde meint, die heute zur Stadt Münster gehört. Wobei das „neu" nicht ganz wörtlich zu nehmen ist. Denn das zweitürmige neuromanische Gotteshaus an der Marktallee ist immerhin rund 70 Jahre alt. Nur rund 500 Meter entfernt und durchaus nicht zufällig durch die „Patronatsstraße" mit ihm verbunden, liegt die hochmittelalterliche Pfarrkirche St. Clemens. Der dritte Nachfolger des Apostels Petrus, der Heilige Clemens (Papst von 88 bis 97 nach Christus), gab dem kapellenartigen Dorf-Kirchlein seinen Namen.

Auf dem Hof des Bauern Schulte Hiltrup wurde sie im 12. Jahrhundert mit einfachen Mitteln errichtet: ein kleiner romanischer Gewölbesaal mit zwei Jochen und einem gedrungenen westriegelartigen Turm aus Kalkbruchstein. Anstelle der ursprünglich eingezogenen Chorquadrate mit Halbkreisapsis wurde 1518 eine Chorerweiterung in spätgotischen Formen vorgenommen. Auch Jahrhunderte später noch erscheint in den kleinen Abmessungen der Kirche der Gegensatz zwischen der romanischen Grundform der Halle und dem schwungvollen spätgotischen Chor besonders reizvoll. Bei genauem Hinsehen erkennt man, daß der skulptierte Schlußstein der Gewölberippen im Chorteil – genau über dem Altartisch – das Bild eines Papstes mit Tiara, Hirtenstab und Anker zeigt. Es ist Papst Clemens, der bereits erwähnte „patronus ecclesiae" . . .

Nur wenige Höfe gehörten im 13. Jahrhundert zum Dörfchen „Hilthorpe", um 1250 etwa 20. Neusiedler sammelten sich als Handwerker und Gewerbetreibende um das 1233 zur Pfarrkirche (ecclesia sancti Clementi) erhobene Gotteshaus. Bestimmte Rechte wie die kirchliche Gerichtsbarkeit und die Pfarrereinsetzung für das Kirchspiel St. Clemens (eine Bezeichnung, die sich bis ins 19. Jahrhundert hielt) blieb noch längere Zeit beim Kapitel von St. Ludgeri in Münster. Dieser Mutterpfarre war die Hiltruper Kirche als Filialkirche „inkorporiert" (angegliedert).

Ein steil verlaufender Bevölkerungsanstieg hat in den weiteren Jahrhunderten dafür gesorgt, daß in Hiltrup ein Kirchenneubau nötig wurde: 1668 zählte das Dorf 193 Einwohner (ein Ergebnis des 30jährigen Krieges), 1750 bereits 458, im Jahre 1843 dann 676. 1895 war die Zahl bei 1013 Bewohnern angelangt, 1905 bei 1447, 1912 schließlich bei 2010. Dort, wo künftig die stärkste Siedlungstätigkeit erwartet wurde, sollte eine neue Kirche erbaut werden, der Name St. Clemens also nur einige hundert Meter „wandern".

Dieser alte Gewölbeschlußstein zeigt den Patron der Kirche mit Tiara und Hirtenstab: den heiligen Papst Clemens.

Pfarrer Franz Unkel legte 1912 an der Münsterstraße den Grundstein. Schon 1913 wurde die neue Clemenskirche eingeweiht: ein im neuromanischen Stil erbautes Gotteshaus aus Ibbenbürener Sandstein – mit drei Schiffen und zwei wuchtigen Türmen. Glocken konnte der Kirchenvorstand erst in den zwanziger Jahren bewilligen, eine Pfeifenorgel 1931.

Innen vermag die Kirche nur wenig Ausstrahlung zu vermitteln. Die kleinen Seitenschiffe haben die Taufkapelle bzw. einen Kreuzweg aufgenommen. Die Altarinsel aus Waschbeton steht unter der Vierung. Die zwölf Apostel aus dem alten Altar haben unter den Rundbogenfenstern der Apsis Platz gefunden. Sehenswert ist das große farbige Rückwandfenster mit einer Glasmalerei, die Christus und weitere alttestamentliche Gestalten zeigt; weiterhin ein schönes gehämmertes Kreuz über dem Altar.

Die alte Pfarrkirche – nicht mehr benötigt – mußte zunächst als Pfarrheim herhalten, verfiel aber zusehends und war nach dem letzten Krieg fast verwahrlost. Eine umfassende Renovierung im Jahr 1963 verwandelte sie wieder in einen würdigen Sakralraum. Zwar finden fast alle Gottesdienste in der größeren Kirche statt, doch erfreut sich Alt-St.-Clemens zur Feier der Eucharistie gerade bei Hochzeitspaaren, überhaupt bei kleineren Gemeindegruppen, großer Beliebtheit. Man betritt den Kapellenraum durch die flachgewölbte Erdgeschoßhalle des Turmes. Von der alten Ausstattung erhalten sind u. a. noch eine spätgotische Sakramentsnische und die Reste zweier steinerner Altaraufsätze in Rokokoformen.

Die gemeindliche Leitung der großen Clemens-Pfarre (8700 Angehörige) haben drei Hiltruper Herz-Jesu-Missionare (missionarii sacratissimi cordis Jesu-MSC) übernommen, wobei sich der Pfarrer, Pater Martin Kleespies, auch Dechant des Dekanates Hiltrup, gegenüber seinen Conpatres Joachim Jenkner und Klaus Gräve eher als „primus inter pares" fühlt. Daß die Verantwortlichen 1912 vom neuen Standort der Kirche annahmen, daß „hier die Zukunft Hiltrups liegt" (Kleespies), hat sich bewahrheitet. 1925 zählte die Gemeinde noch 2861 Einwohner, 1961 waren es schon über 10 000.

Das Pfarrgebiet ist sehr weitläufig und reicht vom Lechtenberger Busch/Bahnkörper bis zum Hiltruper See, vom Dortmund-Ems-Kanal bis weit nach Hiltrup-West. Neun Schulen liegen auf dem „Territorium" der Pfarrei. Dabei gilt die Bevölkerungsstruktur als ausgesprochen vielfältig, kaum ein Beruf ist nicht vertreten. Bei aller Kirchenferne, die auch zu beobachten ist, bestimmt die pastorale Arbeit doch „sehr viel Lebendiges" (Kleespieß), so daß sie „immer wieder viel Freude" bereitet ...

Kath. Universitätskirche
Dominikanerkirche
Salzstraße (Lageplan Nr. 9)

Das Innere dieser stadtbekannten münsterischen Kirche läßt sich als „festlicher Raum" beschreiben – „kommunikativ" und mit einer ausgesprochen „dichten Atmosphäre". Prof. Dr. Peter Hünermann, lange Direktor des Seminars für Dogmatik am Katholisch-Theologischen Fachbereich der Universität und von 1974 bis 1982 Rektor der Dominikanerkirche, weiß, wovon er spricht. Immer wieder konnte er es erleben, wenn er allsonntäglich um 11 Uhr in dem nach schweren Kriegszerstörungen wiederhergestellten Gotteshaus Eucharistie feierte: In der Katholischen Universitätskir-che an der Salzstraße gruppieren sich auf drei Seiten Stuhlreihen um die Altarinsel; die Sicht auf das liturgische Geschehen ist unmittelbar. Die gottesdienstliche Gemeinde kann in ganz besonderer Weise Anteil nehmen.

Auf dem „Territorium" der Stadt- und Marktkirche St. Lamberti liegend, besitzt die Dominikanerkirche kein eigenes Pfarrgebiet. Sie hat es nie besessen: Der Dominikanerorden, der schon Mitte des 14. Jahrhunderts durch zwei von Osnabrück aus entsandte Predigerbrüder in Münster vertreten war, erhielt erst nach Ende des 30jährigen Krieges (1649)

von Ferdinand von Bayern, dem Bischof von Münster, die Genehmigung zur Errichtung eines Klosters mit allen dazugehörigen Rechten. 1663 erwarb der Convent zwischen Salzstraße und Altem Steinweg ein Grundstück und errichtete hier das Kloster und eine erste Kirche.

Mit dem Bau des heutigen Gotteshauses dürfte zwischen 1704 und 1708 begonnen worden sein. Das Jahr der Kirchweihe läßt sich durch ein Chronogramm im Kuppeltambour der Kirche rekonstruieren: 1725. Nach der Säkularisierung hatten die Dominikaner-Patres Kloster und Kirche zu verlassen, und nach der Besitzergreifung der Stadt durch Preußen (Friedrich-Wilhelm III.) mußte das Gotteshaus gar als Depot der Landwehr herhalten. 1881 kaufte es die Stadt Münster der preußischen Militärverwaltung ab; zum Zeichen der beendeten Profanierung wurde die Kirche am 31. März 1889 neu eingeweiht.

Der wertvolle Barockaltar der Dominikanerkirche stand Anfang dieses Jahrhunderts noch in der Paderborner Gaukirche.

Als Architekt und Erbauer der Dominikanerkirche kann der „künstlerische Vater" des großen westfälischen Barockbaumeisters Johann Conrad Schlaun, Lambert Friedrich von Corfey, gelten. Der Sohn des Stadtkommandanten von Warendorf und münsterische Artilleriekommandant, dessen Grabstein heute im Chor der Kirche eingemauert ist, schuf eine „klassische" Barockanlage: eine dreischiffige Basilika, mit flankierenden Türmen begrenzt. Die alte Choranlage, ursprünglich Sakristei, dient heute als Sakramentskapelle. Vom ehemaligen Kloster der Dominikaner steht noch die der Salzstraße zugewandte Front, die im rechten Winkel an die westliche Fassade der Kirche anstößt. In einem kleinen Giebelrelief zeigt sie die Heilige Familie – St. Joseph war Patron des Convents.

Sehenswert ist die fünfachsige, klassisch strenge Barock-Fassade der Kirche, die als einzige Seite nicht in rotem Backstein ausgeführt ist. Auffallend die Wiederkehr des alten griechischen Ordnungsprinzips: Während das Portal schlicht dorisch gehalten ist, zeigt sich das Untergeschoß ionisch, das Obergeschoß korinthisch (Kapitel aus Akanthus-Blättern). In den Nischen des Untergeschosses finden sich Statuen der Ordenspatrone, des Dominikus und Thomas von Aquin. Die Vierung der Kirche wird von einer mächtigen, außen achteckigen und innen runden Kuppel überwölbt. Erst im Inneren wird so recht ersichtlich, daß die nach den Kriegszerstörungen 1961 wiederaufgebaute Kuppel den Raum über dem Mitteljoch des Querhauses beherrscht: Die Seitenschiffe der alten basilikalen Anlage treten davor fast ganz zurück.

Diese deutliche Zentrierung ist durch die erst 1974 abgeschlossene umfassende Restaurierung eher noch unterstrichen worden, der Altartisch steht genau im Mittelpunkt des Kirchenraumes.

Die östliche Apsis – vom übrigen Raum fast völlig durch eine Trennmauer mit Toreinlaß verdeckt – wird in Höhe und Breite nahezu ganz durch einen reich gestalteten Barockaltar ausgefüllt. Er stammt aus der Gaukirche in Paderborn (1903 erworben) und wurde von der Hand Heinrich Grönes gefertigt – in all seiner Pracht eines der schönsten Beispiele barocker Schnitzkunst in Münster. Zwar findet der schmiedeeisern verschlossene kleine Raum als Sakramentskapelle Verwendung, doch merken nicht wenige Besucher der Dominikanerkirche kritisch an, daß sich wegen der Chorwand keine Sicht auf den Barockaltar herstellen läßt. Es wäre wünschenswert, wenn die große Wand etwas weiter „aufgeschnitten" würde.

Sehenswert weiter: ein großes Kreuz mit einem Corpus von 1350, 14 Kreuzwegstationen (19. Jahrhundert) und ein Osterleuchter aus einem ausgehöhlten Ulmenstamm. Unsymetrisch angebrachte Platten aus getriebenem Messing zeigen Szenen des Alten und Neuen Testaments. Die 29registrige Orgel ist eine „Leihgabe" des Musikwissenschaftlichen Seminars der Universität (sie stand ursprünglich im Fürstenberghaus am Domplatz).

Die Dominikanerkirche steht heute auch der portugiesischen Gemeinde für Eucharistiefeiern zur Verfügung, ferner für Gottesdienste mit behinderten Kindern, für Meditationen, Orgelkonzerte und ökumenische Kurzgottesdienste („Zehn-Minuten-Andachten"). Nach dem letzten Krieg hat sie die Stadt Münster der Universität als Katholische Universitätskirche überlassen. Was sich unter anderem darin auswirkte, daß das Land den sich lang hinziehenden Wiederaufbau bezahlen mußte (1974 Altarweihe durch Bischof Tenhumberg).

Nachfolger von Prof. Hünermann als Rektor der Dominikanerkirche ist Prof. Dr. Karl Kertelge; er wird unterstützt von Prof. Dr. Arnold Angenendt.

Dreifaltigkeit

Grevener Straße

(Lageplan Nr. 10)

Als Bischof Clemens August Graf von Galen am 23. Juli 1939 – also gut fünf Wochen vor Ausbruch des Zweiten Weltkrieges – die Dreifaltigkeitskirche einweihte, konnte er noch nicht ahnen, daß das neue Gotteshaus schon vier Jahre später eine rauchende Ruine sein würde. Die Kirche erhielt 1944/45 schwerste Treffer von Brand- und Sprengbomben – Schäden, deren Beseitigung bis weit in die sechziger Jahre hinein andauern sollte. Lange mußten die Gottesdienste in

der erhalten gebliebenen Krypta unterhalb der Kirche gefeiert werden.

Wer heute die äußerst belebte Straßenkreuzung Grevener Straße/Friesenring-Yorkring betrachtet, vermag sich kaum vorzustellen, um wieviel geringer der Verkehr hier noch Mitte der dreißiger Jahre war, als im Kirchenvorstand von Liebfrauen-Überwasser erste Pläne ventiliert wurden, im Norden der Stadt ein neues Gotteshaus zu bauen. Von einer „Zweiten Nordtangente" war damals noch nicht die Rede; der Friesenring – ein Sandweg.

Ursprünglich sollte Dreifaltigkeit eine Garnisonskirche für die Soldaten der Kasernen an der Grevener Straße werden. Ein Plan, der schon bald fallengelassen wurde angesichts der Ausdehnung der Stadt in den Außenbezirken. Am 1. Dezember 1939 wurde Dreifaltigkeit als Rektorat von der Überwasserpfarre abgetrennt. Die Erhebung zur selbständigen Pfarre erfolgte erst ein ganzes Jahrzehnt später, im Jahre 1949 unter Bischof Dr. Michael Keller: Aus dem langjährigen Rektor Franz Rensing, dessen Name wie kaum ein anderer mit der Pfarr- und Kirchgründung verbunden bleibt, wurde ein Pfarrer Franz Rensing (er starb 1957).

Die Grundsteinlegung war Ende März 1938. Das Architektenteam Benteler und Woermann, das übrigens später auch den Wiederaufbauplan fertigte, hatte die Auflage erhalten, den Kirchturm aus Flugsicherheitsgründen niedrig zu halten und tief unter dem Gotteshaus einen großen Luftschutzkeller vorzusehen. 26 kleine Bunkerräume – sie befinden sich noch heute im Krypta-Untergeschoß – retteten in den letzten beiden Kriegsjahren Hunderten von Gemeindemitgliedern das Leben.

Pfarrektor Rensing hat in den Kriegsjahren fast tagebuchhaft die schweren Zerstörungen „seiner" Kirche festgehalten. Als bei den Luftangriffen am 30. September 1944 rund 80 Stabbrandbomben die Kirche trafen: „Wie Regen fielen die Bomben vom Himmel und haben eine große Anzahl Häuser eingeäschert. An unserer Kirche riefen sie im Dachstuhl, an der Holzdecke, an den Bänken und in der Sakristei Brände und sonstige Beschädigungen hervor." Mitte August war bereits die Wohnung von Kaplan Josef Rühling in der Marienthalstraße zerstört worden.

Ende Oktober 1944 schrieb Rensing: „Das Christkönigsfest müssen wir in einer verwüsteten Kirche feiern." Und er fuhr fort, noch ganz unter dem Eindruck des furchtbaren Geschehens: „Eine Bombe sprengte den Turm oben auseinander und schleuderte die Mauerpfeiler des offenen Glockenturmes in die Tiefe auf den Kirchplatz, auf das Dach und in die Kirche hinein. Durch die ungeheure Wucht und Schwere der Pfeilerblöcke wurden Dach und Decke quer über die Kirche und an der Südseite über den beiden letzten Fensternischen weggerissen."

Beinahe tröstlich nimmt sich das Ende einer Kanzelverkündigung nach abermaligen Luftangriffen aus. Gott sei zu danken, so der Rektor, daß „kein Menschenleben vernichtet wurde, danken wir ihm, daß uns der Katakombengottesdienst hier in der Krypta noch möglich ist".

Großartig die Wiederaufbauleistung der Gemeinde. Zuerst mußte das Gotteshaus notdürftig winterfest gemacht werden. Jede Rolle Dachpappe war wichtig. Die älteren Schulkinder wurden aufgefordert, sich mit Hammer und Kneifzange vor der Kirchenruine einzufinden, um Nägel aus aufgestapelten Holzbrettern zu ziehen. Im Januar 1949 konstituierte sich die „Kirchbaugemeinschaft Dreifaltigkeit". Spendenformulare lagen aus mit der Aufforderung zum Mittun: „Unser Gotteshaus sei unser Stolz und unsere Freude! Stehen wir alle verantwortungsbewußt einträchtig und zielstrebig zusammen! Einigkeit macht stark, viele Hände können rasch ein großes Werk vollenden."

Nach der Wiederherstellung der Kirche wurden noch mehrfach Renovierungen vorgenommen – zuletzt 1979 zum 40. Jahrestag der Konsekration. Bildhauer Werner Jakob Korsmeier, der schon in den Sechzigern bedeutende Arbeiten geliefert hatte (Altar, Mosaikkreuz), bekam den Gesamtauftrag zu einer liturgisch-künstlerischen Umgestaltung der Dreifaltigkeitskirche. Das Wichtigste: Die Altarinsel rückte weit nach vorn, der Altar wurde buchstäblich „in die Gemeinde" geholt. Eine Gemeinde im übrigen, die nach Auffassung von Pfarrer Aloys Korte „allmählich ausblutet". Von den heute noch 4800 Katholiken ziehen junge Familien wegen des Mangels an großen Wohnungen meist schon mit dem zweiten Kind aus: „Statistisch gesehen, habe ich es alle fünf Jahre mit einer neuen Gemeinde zu tun . . ."

St. Elisabeth

Dortmunder Straße

(Lageplan Nr. 11)

Um im verwandtschaftlichen Bild zu sprechen: Sie ist ein „Kind" von Herz Jesu und ein „Enkel" von St. Mauritz – die Elisabeth-Kirche am Eckpunkt von Hamburger Straße und Dortmunder Straße, zwischen Münsters Bahnhof und Hafen gelegen. Im Frühjahr 1940 wurde das Rektorat St. Elisabeth offiziell von der Muttergemeinde Herz-Jesu getrennt und zur selbständigen Pfarre erhoben. Die 1900 eingeweihte Herz-Jesu-Kirche an der Wolbecker Straße wiederum ist eine „Tochter" der mittelalterlichen Stiftskirche St. Mauritz.

„Großmutter" und „Kind" halten zusammen: Als die Elisabeth-Gemeinde vor einigen Jahren zur Innenrenovierung ihres Gotteshauses einen neuen Altar und Taufstein benötigte, steuerte St. Mauritz dazu mehrere ornamentierte Sandsteinreliefs aus einem früheren Seitenaltar ihrer Kirche bei. Es blieb ja alles gewissermaßen in der Familie . . .

Erste Pläne, in dem damals noch fast ganz aus einzelnen Gärten und abgezäunten Weiden bestehenden Gelände zwischen Hansaring und Bahn eine neue Kirche zu bauen, faßte

Pfarrer Auling von Herz-Jesu schon im Jahre 1904. Doch das Vorhaben erwies sich als verfrüht. 1912 lag der Plan erneut auf dem Tisch, da die Herz-Jesu-Gemeinde mittlerweile mehr als 10 000 Seelen zählte. Auch der Kirchenvorstand hatte schon zugestimmt – aber erneut beschied der Generalvikar des Bistums Münster den Bauwunsch abschlägig, nachdem sich teilweise massiver Widerstand breitgemacht hatte, u. a. seitens des Pfarrers und Dechanten von St. Lamberti. Dann war es der Erste Weltkrieg, der das Kirchenbauprojekt vorerst „sterben" ließ.

Zu einer Zwischenlösung kam es erst im Jahre 1929, als im Kettelerheim an der Schillerstraße ein größerer Saal zur Notkirche umgebaut wurde. Bischof Johannes Poggenburg weihte sie am 18. September 1919 ein – zugleich die Geburtsstunde des Rektorates St. Elisabeth. Der „Münsterische Anzeiger" berichtete damals von diesem „frohen Ereignis", und der Oberhirte des Bistums meinte es durchaus nicht ironisch, als er in seiner Predigt die umfangreichen Baumaßnahmen belobigte und von der „schönsten Notkirche der ganzen Diözese" sprach.

Unter dem Rektor und späteren ersten Pfarrer Theodor Wehling gediehen dann auch in den Folgejahren die Pläne des Kirchenvorstandes von St. Elisabeth, das Provisorium durch einen Kirchenneubau abzulösen. Immerhin ging nach der Rektoratsgründung noch ein ganzes Jahrzehnt ins Land, bis das neue Gotteshaus aus rotem Backstein am 12. November 1939 durch Bischof Clemens August Graf von Galen eingeweiht wurde, nur gut zehn Wochen nach Kriegsaus-

bruch. Mit der Erhebung zur Pfarre St. Elisabeth im März 1940 wurde aus dem Rektor Wehling ein Pfarrer Wehling.

Gerade der rührige Pastor aber war es, der es nie verwunden hat, daß nur fünf Jahre nach der Fertigstellung der Kirche das Gotteshaus in Schutt und Trümmer versank. Im September 1944 wurde die Kirche bei den wiederholten Bombenangriffen schwer zerstört. So schwer, daß Bischof Clemens August erschüttert vor den Verwüstungen stand und sagte: „Hier wird neues Leben nicht mehr entstehen." Doch hier irrte der spätere Kardinal. Denn der Elisabeth-Gemeinde gelang es unter Pfarrer Ferdinand Ludwig, die Kirche bis 1951 wieder vollständig aufzubauen.

Heute hat es die Pfarrei mit anderen Problemen zu tun. 3600 Katholiken leben in der von Schillerstraße, Bahn und Kanal umgrenzten Gemeinde, darunter in großer Zahl „Einzelpersonen in Kleinsthaushalten", wie Pfarrer Josef Schneider zu sagen pflegt. In der ganzen Pfarre gibt es nur ein einziges Einfamilienhaus, der Rest ist Mietwohnungsbau. Der Rückgang der Kinderzahlen spricht Bände – leicht ablesbar an Kindergartenzahlen und Sakaramentenspendung: 1972 gingen noch rund 80 Kinder zur Erstkommunion, zuletzt waren es knapp 20. In derselben Zeit ist die Zahl der Kindergartenkinder um die Hälfte geschrumpft – von 150 auf 75.

Eines indes hat dies alles nicht bewirkt – den Rückgang der Gemeindeaktivitäten. „Bis 1974 hatten wir noch einen Kaplan, heute liegt das Engagement auf den Schultern vieler ehrenamtlicher Mitarbeiter", sagt der Pfarrer, „das macht mich froh . . ."

St. Erpho (Christus König)

Ostmarkstraße   (Lageplan Nr. 12)

Es gibt kaum eine Kirche in Münster, bei der die innere Gestaltung so reizvoll das äußere Erscheinungsbild kontrastiert wie die Erpho-Kirche, deren Weihetag im Juni 1930 sich im Sommer 1980 („Goldenes Erpho") zum 50. Mal jährte: Äußerlich wahrt das Gotteshaus an der Ostmarkstraße in seiner wuchtigen und doch schlichten Monumentalität die Tradition bisheriger Sakralbauten. Das Innere wurde im nachhinein (1972) baulich völlig umgestaltet und liturgiegerecht erneuert: Eine Altarraum-Rückwand auf abgestuften Holzsegmenten, die weit zur Mitte gerückte Altarinsel und eine tiefer gezogene Holzdecke, die die alten steinernen Tonnengewölbe völlig aus dem Blickfeld nimmt, spiegeln diese gewandelte Auffassung von Modernität und liturgischen Notwendigkeiten wider.

Die noch junge Geschichte der Erpho-Kirche ist auf das Engste mit der Tradition des über 900 Jahre alten Stiftes St. Mauritz, der späteren Mutterpfarre, verbunden. Mitte der zwanziger Jahre, vor 60 Jahren, wurde durchaus ernsthaft erwogen, die Mauritzkirche, das Wahrzeichen des östlichen Münster, umfassend auszubauen. Doch dann setzte sich die

Ansicht durch, daß ein solches Vorhaben „gänzlich die Pietät gegen Geschichte und Tradition" verletzen und die „schöne Geschlossenheit" sowie die „Harmonie des durch die Kirche beherrschten Stadtbildes" zerstören würde – so hieß es damals.

Die nächste Folgerung: Wenn schon zur Zweiteilung von St. Mauritz eine Filialkirche nötig sei, dann dürfe man im Entwurf nicht wie bei der 1929 eingeweihten Geist-Kirche „gänzlich moderne Grundsätze" anwenden. Vielmehr müsse sich der Neubau am „Ausdruck bodenständiger Echtheit" orientieren und sich nahtlos in den historisch gewachsenen Stadtteil integrieren.

Und so geschah es. Das neue Gotteshaus wahrte in Anlehnung an romanische Bauformen die Traditionen, wurde aber zugleich als Kompromiß zwischen alten und neuen baulichen Lösungen angesehen, da die „stilistische Gesamtheit bereits einen Schritt in die moderne Sachlichkeitsarchitektur" bedeutete, wie 1930 ein Kritiker schrieb.

Die Notwendigkeit eines Kirchenneubaus galt bis hinauf in die Bistumsleitung als völlig unumstritten. Mit fast 13 000

Katholiken war St. Mauritz Ende der zwanziger Jahre gewissermaßen „unregierbar" geworden. Der Bevölkerungszuwachs ging mit der Entwicklung auf Stadtebene einher: In nur 30 Jahren war die Einwohnerzahl Münsters von rund 57 000 (1895) auf 106 000 (1925) gestiegen. So bestimmte der Kirchenvorstand St. Mauritz im Mai 1927 ein fünf Morgen großes Grundstück als Bauplatz der Kirche und wählte wenige Monate später aus vier Bauentwürfen den des Kölner Kirchenbaumeisters Carl Moritz aus. Am 23. Oktober 1928

wurde der erste Spatenstich getan und am 21. Juli 1929 der Grundstein gelegt – in Anwesenheit des Bischofs Johannes Poggenburg und „bei wolkenschwerem Himmel und brausendem Wettersturm", wie die Chronik vermerkt.

Einiges Hin und Her gab es um die Bestimmung des Patroziniums, die Wahl des Pfarr- und Kirchenpatrons. Der im Volk hochverehrte 16. Nachfolger des heiligen Ludgerus auf dem münsterischen Oberhirtenstuhl, Bischof Erpho (1085–1097), sollte der Kirche seinen Namen geben. Er galt

Ein romanisches Kreuz aus der Zeit um 1230, das Christus König zeigt, gehört zu den wertvollen Besitztümern St. Erphos.

neben Friedrich I. als „zweiter Gründer" des Stiftes St. Mauritz (hier wurde er auch später bestattet), hattte viel für den Wiederaufbau zerstörter Kirchen getan und wurde von einem Biographen als „guter Soldat Christi und Hirte seines Volkes" geschildert.

Bischof Erhpo stand zwar im Rufe der Heiligkeit, gehörte jedoch nicht zu den von Rom kanonisierten Heiligen; auch mehrere Vorstöße aus Münster halfen nicht weiter. So wurde die neue Kirche am 17. Juni 1930 „Christus König" (Ad dominum nostrum Christum regem) geweiht. Doch hielt sich im Volksmund bis heute die Bezeichnung „Erpho-Kirche".

Heinrich Vornefeld wurde zunächst Rektor der Tochterkirche und nach ihrer Erhebung zur Pfarrkirche (1933) der erste Pfarrer. Im letzten Krieg gingen zahlreiche Fliegerbomben hart an der Süd-, West- und Nordseite nieder, und auch das Pfarrhaus wurde völlig zerstört, doch das Gotteshaus selbst blieb vergleichsweise unbeschädigt.

Nach den Abpfarrungen von St. Pius (1962) und Thomas Morus (1964), die zu einer „Dezentralisierung" des gemeindlichen Lebens und pastoralen Dienstes geführt haben, zählt die Erpho-Gemeinde unter Pfarrer Johannes Hageböck heute rund 3700 Katholiken. Zahlreiche Vereine und Gemeinschaften gestalten das Leben in der Christ-König-Gemeinde mit. Auch die Kirchenmusik von St. Erpho hat – und zwar nicht erst seit dem Einbau einer Orgel mit 67 klingenden Registern – einen klingenden Namen.

Kaum zu glauben, aber: Fast gäbe es die 50 Jahre alte Erpho-Kirche heute nicht mehr. Dann nämlich, wenn die Gemeinde 1971/72 im Zuge der Renovierungen die damals so genannte „Radikallösung" verwirklicht hätte – Abriß der Kirche und völliger Neubau eines Gotteshauses mit Gemeindezentrum. Doch die Gemeinde verständigte sich schließlich auf eine umfassende Renovierung des vorhandenen Baukörpers. Verantwortlich war das Architektenteam Kösters und Balke aus Münster. Die Neugestaltung hat bei der Gemeinde ein sehr positives Echo gefunden. Sie ist froh, nun einen würdigen und festlichen Raum mit guter Akustik für die Feier der Liturgie zu haben. Viele Priester, die St. Erpho vor dem Umbau kannten, haben bestätigt, daß der Innenraum für den Gottesdienst sehr gewonnen hat.

St. Gottfried

Düesbergweg (Lageplan Nr. 13)

In der Urkunde zur Grundsteinlegung im Juni 1952 ist ausdrücklich festgehalten, daß das neue Gotteshaus am Düesbergweg schon in den dreißiger Jahren in der Diskussion gewesen war, und „auf Anregung des hochseligen Kardinals Clemens August von Galen dem heiligen Gottfried von Cappenberg geweiht sein sollte". Doch erst Jahre nach dem letzten Krieg, als die Mutterpfarre Heilig Geist mit über 15 000 Katholiken wahrlich „unregierbar" geworden war, konnte das drängende Kirchneubauprojekt St. Gottfried endlich verwirklicht werden. Der Grundstein entstammt den Trümmern des zerstörten Paulus-Domes.

Es war für Münster Anfang der fünfziger Jahre ein vielbeachtetes Novum, daß erstmals eine Ordensgemeinschaft die Leitung einer katholischen Pfarrei übernahm: Die „Gesellschaft vom göttlichen Heiland" (Societas Divini Salvatoris – SDS), besser bekannt als Salvatorianer, wollte damals in der Westfalenmetropole eine Ordensniederlassung der norddeutschen Provinz mit theologischer Fakultät errichten – als Studienhaus für den Ordensnachwuchs.

Bischof Dr. Michael Keller gewann die Verantwortlichen im Kölner Mutterhaus und Provinzialat dafür, daß Salvatorianerpatres den neuen Seelsorgsbezirk St. Gottfried betreuten

Der Altar von St. Gottfried, an dem die Salvatorianer-Patres mit der Gemeinde Eucharistie feiern, steht auf neunstufig erhöhtem Chor.

und leiteten. Und die Gemeinschaft blieb der Vereinbarung treu, selbst als längst feststand, daß aus dem Studienhaus nichts werden sollte. Seit 1952/53 – die neue Kirche war gerade im Rohbau fertiggeworden – bis auf den heutigen Tag wirken die Salvatorianer segensreich in der Gemeinde.

Als Standort des Gotteshauses wurde Anfang 1952 ein schönes, von alten Eichen bestandenes Grundstück von der Stadt Münster erworben. Im Frühjahr begannen die Bauarbeiten; den Entwurf hatte Johannes Dinnendahl geliefert, die Bauleitung hatte Josef Bisping. Alle „üblichen" Schwierigkeiten, so heißt es in der Chronik, seien damals gemeistert worden, nicht zuletzt dank der überaus großen Spendenbereitschaft in der Bevölkerung: „Es gab gläubige Herzen,

tüchtige, zum Anpacken bereite Hände und freudige Spender."

Im Jahr darauf, am 21. Juni 1953, nahm der damalige Generalvikar und spätere (1981 gestorbene) Diözesanbischof von Aachen, Dr. Johannes Pohlschneider, die Konsekration der Kirche vor. Erst weitere fünf Jahre später, 1958, wurde der bis dahin unvollendet gebliebene Turm – 28 Meter hoch – fertiggestellt, er erhielt ein fünfglockiges festliches Geläut. Rund um die Gottfried-Kirche entstand in den Folgejahren ein regelrechtes Pfarrzentrum mit Pfarrbücherei, Organistenwohnung, Kindergarten und großem Pfarrheim.

Im November 1966 erhob der Bischof das Pfarrektorat St. Gottfried zur selbständigen Pfarre. 1974 wurde die schon zum Zeitpunkt des Neubaus geplante Krypta im Kellergeschoß des Gotteshauses fertiggestellt (Architekt Franz Sielker). Sie bietet besonders kleineren Gottesdienstgruppen den gewünschten intimen Rahmen bei der Feier der Eucharistie.

Daß heute von einer „Gemeinde mit zwei Kirchen" die Rede sein kann, liegt an der Entstehung des großen Neubaugebietes am Berg Fidel, das zum Pfarrgebiet von St. Gottfried gehört. Der Bau einer weiteren „aufwendigen Kirche", so befanden Pfarrgemeinderat und Kirchenvorstand, sei nicht zu vertreten. Man kam 1973/74 überein, hier für den entstehenden neuen Seelsorgebezirk ein größeres Gemeindehaus mit eigenem Sakralraum für die Feier von Gottesdiensten zu errichten. Generalvikar Dr. Hermann-Josef Spital, heute Bischof von Trier, weihte das Maximilian-Kolbe-Haus ein.

Mit 8500 Katholiken gehört St. Gottfried, die „Tochter" von Heilig Geist, zu den drei größten Pfarren Münsters. Das Pfarrgebiet wird im Westen von der Weseler Straße, im Osten von der Hammer Straße, im Norden von der Metzer Straße/Inselbogen und im Süden von der Vennheide umgrenzt.

Die Salvatorianerpatres Josef Mörs † (Pfarrer), Cletus Lohmann und Peter Daubner teilen sich die vielfältigen Aufgaben der Seelsorge („Wir sind ein wirkliches Team"). Auch bei den Meßfeiern in St. Gottfried und im Kolbe-Haus wechseln sich die Priester ab. Im 1972 fertiggestellten Altenwohnheim Maria-Hötte-Stift zelebriert mit Pater Erhard Kleppe der vierte Salvatorianer des kleinen münsterischen Konventes. „Ein einziger Priester", so Pfarrer Mörs, „wäre mit der Leitung einer solchen Riesenpfarre völlig überfordert..."

Heilig Geist

Metzer Straße   (Lageplan Nr. 14)

Unter den katholischen Gotteshäusern Münsters ist eines „in besonderer Weise dem Wirken des Heiligen Geistes anvertraut" (Bischof Lettmann) und hat deshalb alljährlich zu Pfingsten sein Patronatsfest: die Heilig-Geist-Kirche an der Metzer Straße. Ein sich Kategorien wie „modern" oder „konservativ" völlig entziehendes großformatiges Farbgemälde an der Altarraum-Rückwand stellt in beeindruckender

Weise dieses Pfingstereignis dar. Der Heilige Geist kommt auf die verunsicherten Apostel herab, spendet ihnen neuen Mut und läßt sie nicht mehr ängstlich, sondern wahrhaft „be-geistert" sein: „Da erhob sich plötzlich vom Himmel her ein Brausen, wie wenn ein heftiger Sturm daherfährt... und es erschienen Zungen wie von Feuer... alle wurden mit heiligem Geist erfüllt und begannen in fremden Zungen zu

reden, wie der Geist ihnen zu verkünden eingab..."
(Apg 2)

Die Namensgebung für das Patrozinium Heilig Geist geschah Ende der zwanziger Jahre keineswegs zufällig. „Die Geist" (von „Geest") wird das Geistviertel noch heute genannt; ursprünglich war sie bis zur Eingemeindung im Jahr 1875 eine kleine Bauerschaft und gehörte zusammen mit Mecklenbeck und Gremmendorf zur politischen Gemeinde Lamberti. Ältere Münsteraner erinnern sich noch gut an „Haus Geist", das früher an der Stelle des heutigen Clemens-hospitals stand. Minister Freiherr von Fürstenberg hatte sich das Herrenhaus nach einem Entwurf Schlauns errichten lassen. Hier war lange Zeit als bevorzugter Siedlungsschwerpunkt der Mittelpunkt der Geist.

Im Beisein von Bischof Johannes Poggenburg († 1933) wurde am 21. Oktober 1928 der Grundstein für die Geist-Kirche gelegt. Der Anfang des Urkundentextes in lateinischer Sprache – übersetzt: „Nach dem unglücklichen Ausgang des Krieges wuchs über alles Erwarten die Einwohnerzahl der altehrwürdigen Stadt Münster von Tag zu Tag stark an. Vor allem auf dem Gebiet der Joseph-Pfarre, in jener Vorstadt, die Geist genannt wird, stieg die Zahl der Christgläubigen derart, daß die Seelsorge nunmehr durch ein eigenes Gotteshaus und durch einen eigenen Pfarrer ausgeübt werden zu können scheint". Der später zum Stadtdechanten und Propst ernannte Kaplan von St. Joseph an der „Hammer Chaussee", Bernhard Huskamp, übernahm die abgepfarrte neue Geist-Gemeinde und wurde später ihr erster Pastor.

Der Baukörper der Kirche galt zu dieser Zeit als Sensation. Unter 179(!) Entwürfen, wie die Annalen sagen, war der Plan des Duisburger Architekten Walter Kremer ausgewählt worden. Was der Sprecher des Preisrichterkollegiums, Prof. Dr. Wackernagel, als „moderne Kirche im Stile unserer Zeit" pries, empfand damals so mancher Münsteraner keineswegs als zeitgemäß. Da sei durchaus kein Mut zu neuen Formen zu attestieren, so empörten sich einige, die Kirche sehe aus wie eine „neumodische Fabrik". Zu ungewohnt erschien die schlichte, streng funktional gehaltene Bauform in all ihrer nüchternen und zweckorientierten Gestaltung. Die zu Anfang des Jahrhunderts errichteten Herz-Jesu-Kirche, St. Joseph und Heilig Kreuz waren noch im traditionellen Sakralstil der Neugotik erbaut worden. Respektlos nannten die Kritiker den modernen Kirchenbau bald „Druffels Pütt" – in Anlehnung an den „Gründungspfarrer" von St. Joseph, Bernhard Druffel. Am 20. November 1929 wurde die Kirche eingeweiht.

Im letzten Krieg blieben Kirche und Pfarrhaus von Heilig Geist „erstaunlicherweise verschont", wie es in der Chronik heißt. Was dazu führte, daß das Gotteshaus nach 1945 gemeinsam mit Heilig Kreuz im Nordviertel vorübergehend Bischofskirche war: Als Nachfolger des „Löwen von Münster" wurde hier Dr. Michael Keller am 28. Oktober 1947 vom Kölner Kardinal Frings zum neuen Bischof von Münster geweiht – 1948 Weihbischof Gleumes und 1952 Weihbischof Baaken. Zahlreiche Priesteramtskandidaten empfingen in Heilig Geist ihre Priesterweihe.

Nachdem die Geist-Pfarre zum Zeitpunkt ihrer Gründung nach 7500 Seelen zählte, gehören ihr heute – nach der Abpfarrung von St. Gottfried (1953) – rund 62000 Katholiken an. Pfarrer Theodor Buckstegen, Dechant des Dekanates Lamberti, spricht gerne von den „etwas kuriosen Pfarrgrenzen", die in besonderem Maße „gemeindekatechetische Arbeit nötig" machen: Der eine Teil des Pfarrgebietes liegt zwischen Umgehungsstraße / Lechtenbergweg und Hammer Straße / Loddenheide, der andere zwischen Duesbergweg / Sentmaringer Weg und Hammer Straße / Weseler Straße.

Wenn die prozentual größte Altersgruppe zwischen 45 und 65 Jahren und die zweitgrößte gar bei über 65 Jahren angesiedelt ist, könnte man dies als Fingerzeig für eine „ungesunde" Pfarrstruktur auffassen. Doch kann der Pfarrer darauf verweisen, daß „von unten eine sehr wache und engagierte Gruppe nachwächst". Es ist kein Zufall, daß er einmal eine Predigt zum Thema Pfarrer und Gemeinde nicht mit „Einer für alle", sondern mit „Einer mit allen" überschrieb...

Heilig Kreuz

Hoyastraße   (Lageplan Nr. 15)

Das neugotische Gotteshaus mit dem dritthöchsten Kirchturm Münsters (84 Meter) gilt als Wahrzeichen des ganzen Viertels. Nahezu von jeder Stelle des Stadtteils aus ist der sandsteinerne Turm von Heilig Kreuz zu sehen; sein achtseitiger Schieferhelm – ruhend auf kräftigen Eckpfeilern, umspielt von spitzen Ziergiebeln und Fialen – gibt der Umgebung ihr Gepräge. Die Kirche gewinnt ihre räumliche Wirkung aus dem Inselcharakter ihrer Lage: Stichstraßen führen sternförmig auf sie zu, in den Fluchten hat sich an der zurückhaltenden Bebauung von der Jahrhundertwende bis heute nichts geändert.

Kreuzviertel, Kreuzschanze, Kreuztor, Kreuzkriche: Die immer wiederkehrende markante Namensgebung hat sich aus der Zeit des späten Mittelalters und der frühen Neuzeit erhalten. Damals war es Brauch, am 24. Juni eines jeden Jahres in einer feierlichen Prozession ein großes Kreuz aus dem Dom durch das Tor am Buddenturm in den Norden der Stadt zu tragen. Am „Kreuztor" kehrte der Zug der Gläubigen nach Predigt und Kreuzverehrung um – zurück zur Bischofskirche innerhalb der Domburg. Die Gründer der Gemeinde wollten vor rund acht Jahrzehnten bewußt an diese Überlieferung anknüpfen und stellten Kirche und

Pfarre unter Namen und Zeichen des Kreuzes. Noch heute hängt hoch über dem Altartisch im Sechseck der Vierung der Stamm mit dem Gekreuzigten.

Die Ursprünge von Heilig Kreuz fallen in dieselbe Zeit wie die Gründungen von Herz Jesu im Osten und St. Joseph im Süden der Stadt. In der Abpfarrungsurkunde von Bischof Hermann Dingelstad (14. Juli 1905) heißt es: „Da die bedeutende Zunahme der Bevölkerung in der hiesigen Liebfrauenpfarre Überwasser die Teilung der Pfarre im Interesse der Seelsorge dringend wünschenswert macht, haben wir beschlossen, den nördlichen Teil der gedachten Pfarre von dieser abzutrennen und der im jenem Teil neuerbauten Kirche zum Hl. Kreuz als Pfarrsprengel zuzuweisen."

Bereits 1896 hatte der Kirchenvorstand von Überwasser einen Auftrag der Bistumsleitung erhalten, sich im Norden der Stadt nach einem geeigneten Grundstück umzusehen. Da man fürchtete (so die Chronik), „bei längerem Zögern allzu hohe Preise zahlen" zu müssen, wurde nördlich der Kreuzschanze – außerhalb der Promenade – ein günstig gelegener Platz erworben.

Im Juli 1899 war die Grundsteinlegung. Bischof Dingelstad mauerte neben der Urkunde auch einen Stein aus der römischen Calixtus-Katakombe ein. Am 19. Juli 1902 fand die feierliche Konsekration statt, der Kirchturm war noch nicht einmal begonnen. Der Diözesanbischof als „Ordinarius" des Bistums weihte den Hochaltar, die Weihe der Seitenaltäre – des Marien- und des Johannesaltars – nahmen sein Weihbischof Max Gereon von Galen und Bischof Voß von Osnabrück (vormals Regens in Münster) vor. Den schlanken Kirchturm konnte die Gemeinde erst 1907/08 „hochziehen". Die offizielle Erhebung des bisherigen Rektorates zur Pfarre war 1905 erfolgt.

Daß Heilig Kreuz – der Not gehorchend – auch mehrere Jahre zur Bischofskirche von Münster (Prokathedrale) wurde, ist den Zerstörungen des letzten Krieges zu „danken": Zwar waren 85 Prozent der Häuser im Kreuzviertel zerstört, doch trug die Pfarrkirche selbst nur relativ geringe Schäden davon; die Gewölbe zeigten Risse, zahlreiche Fenster waren unter dem Luftdruck herausgeschleudert worden. Als Bischof Clemens August im März 1946 nach seiner Aufnahme in das Kollegium der Kardinäle unter Pius XII. in das zerstörte Münster zurückkehrte, hielt er in der Kreuzkirche sein erstes Pontifikalamt als Kardinal – an das mächtige Brucknersche „Te Deum" erinnern sich noch heute viele Gläubige.

Nach dem unerwarteten Ableben des „Löwen von Münster" war am 28. März auch hier das Requiem – in Anwesenheit der Kardinäle Preysing (Berlin), Frings (Köln) und Griffin (London). Von Heilig Kreuz aus bewegte sich ein langer Trauerzug zu den Trümmern des Paulus-Domes hin, zu den Galenschen Kapellen, deren Gewölbe vollends zerstört waren. Hier wurde der Oberhirte beigesetzt.

Im Jahre 1952 gedachte die Gemeinde der 50. und 1977 der 75. Wiederkehr der Kirchweihe. Der Mainzer Kardinal Hermann Volk ließ es sich nicht nehmen, am 11. September 1977 ein Pontifikalamt in dem von Dombaumeister Bernhard Hertel geschaffenen Gotteshaus zu feiern. Volk, früher Professor für Dogmatik am Katholisch-Theologischen Fachbereich der Universität, hatte nach 1945 gut zwölf Jahre in der Gemeinde gewohnt.

Pfarrer Dr. Klaus Schmöle, seit 1980 an Heilig Kreuz, leitet eine Gemeinde (7600 Angehörige), die vorwiegend aus Angehörigen des Mittelstandes sowie zahlreichen Studenten, die hier z. T. ihren zweiten Wohnsitz haben, besteht. Zahlreiche jüngere Familien mit Kindern sind allerdings in die Außengebiete Münsters abgewandert. Abpfarrungen von der Kreuzpfarre haben in den dreißiger und sechziger Jahren für die nötige Entlastung gesorgt, allerdings auch das Gemeindegebiet in seinem Lebensnerv künstlich zerschnitten.

Bischof Michael Keller hatte 1952 in einem Geleitwort zum 50jährigen Jubiläum darauf hingewiesen, daß die Kreuzpfarre mit 13 000 Pfarrangehörigen „die volkreichste Gemeinde des ganzen Bistums" sei: „Das bedeutet nichts anderes, als daß die Schaffung neuer Pfarreien im Norden Münsters so dringlich ist, wie nur irgendwo im weiten Bistum . . ."

Herz Jesu

Wolbecker Straße   (Lageplan Nr. 16)

Es war ein ganz besonderer Tag, dieser 22. Juni 1900, am Herz-Jesu-Fest vor gut 80 Jahren: Die „Wolbecker Chaussee" prangte im Schmuck von ungezählten Fahnen und Maibäumen, Blumenkränzen und Laubgirlanden, dekorativen Transparenten und den Wappen des münsterischen Bischofs und Papst Leos XIII. „So war denn alles zum frohen, festlichen und ehrfurchtsvollen Empfang des hohen Konsekrators, des hochwürdigsten Herrn Bischof Hermann Dingelstad, gerüstet", beschrieb ein Chronist bewegt seinen Eindruck von der Via triumphalis. Das Gotteshaus mit dem höchsten Kirchturm Münsters (94,63 Meter), die Herz-Jesu-Kirche, wurde an diesem Tag in fünfstündiger Zeremonie feierlich eingeweiht.

Daß es zu dieser „imposanten, für Münster einzig dastehenden Feier" kam, wie die Chronik vollmundig vermerkt, ist auf die immens starke Bautätigkeit im Ostviertel vor der Jahrhundertwende zurückzuführen. Längst konnte die mittelalterliche St.-Mauritz-Kirche nicht mehr alle Gottesdienstbesucher fassen. Pfarrer Dr. Ewald Bierbaum warb in seiner Gemeinde wort- und ideenreich darum, für das Gebiet links und rechts der Wolbecker Straße, also die alten Bauerschaften Werse und Delstrup, eine neue Kirche zu bauen.

Die Herz-Jesu-Kirche zeichnet noch ganz der Stil der Neugotik aus. Über dem Altar das Triumphkreuz mit alpenländischem Korpus.

Aber erst, als die lange Zeit ungewisse Führung des neuen Dortmund-Ems-Kanals genau feststand, konnte er ein passendes Grundstück („zu einem mäßigen Preise") erwerben. Der heimische Architekt Wilhelm Rincklake erhielt den Planungsauftrag. Schon zwei Jahre nach dem Grundstückskauf, am 7. Juni 1895, konnte der Grundstein gelegt werden.

Schier überbordend war die Bereitschaft der Bevölkerung in der „Kolonie Werse-Delstrup", für die künftige Herz-Jesu-Kirche Geld zu spenden, obwohl sie „zumeist aus Arbeitern bestand, welche das zum Leben Notwendige durch saure Arbeit verdienen mußten und für einen Kirchenbau kaum die kleinste Gabe erübrigen konnten." Der „Verein zum Bau der Herz-Jesu-Kirche" war auch für kleine und kleinste Beträge dankbar. Von einem „Ladenmädchen" ist bekannt, daß es seine gesamten Ersparnisse in Höhe von 1500 Mark beim Pfarrer ablieferte.

Da es sich um die erste dem Herzen Jesu zu weihende Kirche im Bistum Münster überhaupt handelte, engagierte sich der Bischof persönlich: In einem Hirtenwort wandte er sich „vertrauensvoll an die immer opferwillige Liebe der Katholiken der guten Stadt Münster und aller unserer Diözesanen" und bat sie, „so viel Ihre Kräfte gestatten, eine Gabe spenden zu wollen". Das Ergebnis der diözesanweit durchgeführten Kollekte: 23 000 Mark. So pflegte denn Pastor Bierbaum auf die besorgte Miene manches Alt-Mauritzers, ob denn das Geld wohl reiche, zu sagen: „Deus providebit" – der liebe Gott wird's schon richten ...

Die Herz-Jesu-Kirche ist eine ganz im Stil der Neugotik errichtete dreischiffige Basilika mit drei um die Vierung gruppierten Chören und einem zur Kirche hin geöffneten Turm in der Mitte vor dem Hauptschiff. In dem schlanken, himmelzustrebenden Turm, aber auch in der Maßwerkornamentik der Fenster und in den gegliederten Chorpartien der Apsis wird das „Sursum corda" (Empor die Herzen) als architektonisches Ordnungsprinzip besonders deutlich.

Im letzten Krieg hat die Kirche schwerste Schäden genommen. Nach 1945 wurde durchaus ernsthaft erwogen, ob sich ein Wiederaufbau überhaupt lohne: Alle Gewölbejoche waren durch die Kraft der Sprengbomben in die Tiefe gestürzt und türmten sich zu hohen Schuttbergen; Hochaltar, Kanzel und Kommunionbank wurden völlig zerstört; auch die prächtigen Glasmalereien der Fenster gingen für immer verloren. Lediglich der Turm und die Sakristei mit ihren reich geschnitzten Paramentenschränken blieben verschont.

Bis 1971 zog sich der Wiederaufbau von Herz Jesu hin – kombiniert mit einer umfassenden Renovierung entsprechend den neuen liturgischen Notwendigkeiten nach dem Zweiten Vatikanum. Auch wenn die Kirche – verglichen mit der Vorkriegszeit – an Gestaltungsreichtum und üppiger Ausstattung verloren hat, so strahlt sie noch immer die alte Harmonie aus. Der 1971 von Weihbischof Baaken geweihte Altar ist weit nach vorn unter die Vierung gerückt und hat Raum für eine wohlgelungene, intime kleine Werktagskirche „freigeschlagen".

Nach den Abpfarrungen von St. Elisabeth, St. Ida und St. Margareta zählt die Herz-Jesu-Gemeinde heute rund 6500 Katholiken. Das Pfarrgebiet reicht von der Manfred-von-Richthofen-Straße bis nach Loddenheide, von Haus Lütkenbeck bis fast vor die Tore der Halle Münsterland. Wenn auch in der Gemeinde eine starke Überalterung (ein Viertel ist älter als 60) mit einer gewissen Ausdünnung an jungen Familien mit Kindern einhergeht, so hat es Pastor Gerhard Wulf, Dechant des Dekanates Mauritz, gleichwohl mit einer sehr lebendigen und anteilnehmenden Pfarre zu tun. Eine Umfrage unter 1200 Kirchenbesuchern hat einmal ergeben, daß 500 von ihnen in irgendeiner Weise persönlich in der Gemeinde mitarbeiten: „Es ist etwas sehr Schönes, wenn man sich als Pfarrer nicht wie ein Einzelkämpfer vorkommen muß. Die Leute in Herz Jesu spüren ihre Mitverantwortung ..."

St. Ida

Vörnste Esch, Gremmendorf (Lageplan Nr. 17)

Münsters „gepflegteste Tochter mit bäuerlicher Herkunft" wurde der Stadtteil einmal genannt: Gremmendorf – ein von viel Wald umgebenes „grünes" Siedlungskontinuum, das bis heute berühmt ist für seine schmucken Vorgärten; ein Vorort, in dem weidendes Milchvieh direkt hinter der Schule durchaus zur Normalität zählt, wo die Idakirche mit ihrem schlanken Glockenträger mitten in einem Wäldchen erbaut wurde.

Noch eines volles Jahrzehnt nach dem Ersten Weltkrieg gab es in Gremmendorf keine „Kirche im Dorf". Vor mehr als 200 Jahren erst hatte sich rund um den Bauernhof Gremme ein Drubbel von Häusern gebildet: „Gremmentor-pe" nannte man das entstehende Gemeinwesen. Mit der Erschließung durch die Eisenbahn („Pängelanton") gewann das ausschließlich ländlich-bäuerlich bestimmte Gremmendorf an Bedeutung. Erste Siedler entschlossen sich, dort „draußen" zu bauen, und Sonntagsausflügler fanden zunehmend den Weg hierher. Gremmendorf begann, sich als „Villenvorort" von Münster herauszuschälen . . .

In den zwanziger Jahren wurde die Forderung immer lauter, daß der weiter wachsende Ortsteil ein eigenes katholisches Gotteshaus brauche. Der Weg zur Herz-Jesu-Kirche oder auch nach St. Agatha in Angelmodde sei für die Gremmendorfer einfach zu weit. An einem Augusttag des Jahres

1929 versammelten sich alle katholischen Einwohner der „Wohnkolonie", wie es damals hieß, zu einer Versammlung. Es konstituierte sich ein Ausschuß, der das Kirchbauvorhaben in die Hand nahm. Die Herz-Jesu-Pfarre, zu der Gremmendorf in dieser Zeit gehörte, setzte sich unter ihrem rührigen Pfarrer Heinrich Eltrop tatkräftig dafür ein, in Gremmendorf eine Kirche und zugleich eine Schule zu bauen. Gut 400 Seelen zählte die entstehende Tochtergemeinde damals.

Das ein Hektar große Grundstück erhielt der Kirchbauverein um August Lehmkuhl, Josef Jeggle, Josef Hullermann und Lehrer Borgdorf von der Familie Droste zu Vischering geschenkt. In nur einem Jahr entstand hier die erste Gremmendorfer Kirche – ein schlichtes kleines Kirchlein mit 150 Sitzplätzen, dessen Rohbau mit Installation und Nebenarbeiten ganze 15 000 Reichsmark gekostet hatte. Es wurde der heiligen Ida von Herzfeld geweiht, der ältesten Heiligen des Bistums Münster. Ida, die „Mutter der Armen", war 980 von Bischof Dodo, dem neunten Nachfolger des Bistumsgründers Ludgerus, zur Ehre der Altäre erhoben worden.

Münsters (Erz-)Bischof Dr. Johannes Poggenburg weihte die Idakirche am vierten Adventssonntag 1930 ein. Die Zeitung berichtete am Tag darauf mit spürbarer Begeisterung: „Schon in der Frühe war das kleine Gotteshaus bis auf den letzten Platz besetzt. Und immer noch strömten neue Scharen Gläubige herbei, der hehren Feier der Benediktion durch Seine Erzbischöflichen Gnaden, den Diözesanbischof, beizuwohnen." Engelchen in schneeweißen Kleidern und Knaben mit den Kirchenfahnen, so heißt es weiter, hätten den Oberhirten abgeholt und ihn „in feierlichem Zug durch den stillen Waldweg inmitten des Birkenwäldchens zu der einfachen, aber ansprechenden Notkirche geleitet". Der Kirchenchor der Mutterpfarre Herz Jesu ließ es sich nicht nehmen, die Kirchweihe musikalisch zu rahmen.

Rund drei Jahrzente hatte diese Gremmendorfer Kirche Bestand, die direkt neben der heutigen Pfarrkirche zu denken ist und nur noch im Foto „weiterlebt". Anfangs zele-brierten Kapläne von Herz Jesu allsonntäglich die Messe. Im Frühjahr 1936 wurde mit Pfarrer a. D. Iserloh der erste „Gremmendorf-eigene" Seelsorger an die Filialkirche berufen. Im Krieg wurde St. Ida beträchtlich in Mitleidenschaft gezogen. Die Gremmendorfer halfen nach Kräften, die Schäden zu beseitigen. Ostern 1940 erhielt die Gemeinde ihre pfarrliche Selbständigkeit. Stadtdechant Berghaus führte Franz Jeken als ersten Gremmendorfer Pfarrer ein.

Früher als erwartet, Mitte der fünziger Jahre, kamen neue Kirchbaupläne auf den Tisch. Einerseits reichte die oft als „Waldkapelle" apostrophierte Notkirche nicht mehr, nachdem die Zahl der Katholiken auf über 2000 geklettert war, andererseits wurde ihr baulicher Zustand nach den notdürftigen Nachkriegsrenovierungen immer schlechter. Direkt neben Alt-St.-Ida entstand bald Neu-St.-Ida. Den Architektenplan fertigte Lorenz Fehige. Es sollte ein moderner, zeitgemäßer Sakralbau werden (mit freistehendem Kirchturm), der aber zugleich nicht im Widerspruch stand zu Gremmendorfs ländlich geprägter Vergangenheit.

Am 1. Mai 1958 war der erste Spatenstich, am 17. Juni folgte die Grundsteinlegung, zwei Monate später schon das Richtfest, und am 3. Mai 1959 fand die feierliche Kirchweih statt. Konsekrator war der Bischof von Danzig, Dr. Karl-Maria Splett, der mit dem damaligen Pfarrer von St. Ida, Prälat Dr. Anton Behrendt, befreundet war. Pfarrer Behrendt hatte sich stark für den Wiederaufbau der Danziger Kathedrale eingesetzt. Der Campanile wurde erst im Herbst 1959 fertig. Im Dezember erhielt er ein dreiglockiges Geläut.

Fast 5000 Katholiken zählen heute zur Pfarre St. Ida Gremmendorf, die von Pfarrer Ewald Spieker seelsorglich betreut wird. Nicht einmal mehr zwei Prozent der Bevölkerung machen Landwirtsfamilien aus. Die Pfarrgrenzen reichen vom Kanal bis fast an die Werse und Wolbecker Straße, von den Loddenbüschen bis zum Angelsachsenweg/Paul-Engelhardt-Weg. Gremmendorf: eine von Münsters „gepflegten Töchtern", denen man das Alter nicht ansieht...

St. Joseph

Hammer Straße (Lageplan Nr. 18)

„Den Zug eröffneten die Kirchenfahnen. Dann folgten gegen 180 Engelchen, an sie schlossen sich Communion-Mädchen des Jahres an, Lilien tragend, während einige hundert kleine Knaben mit Schärpen Spalier bildeten." So beschrieb ein Chronist im Juli 1902 ein wichtiges Ereignis an der „Hammer Chaussee": Der erste Teil der im Stile rheinischer Hochgotik erbauten neuen Pfarrkirche St. Joseph konnte von Bischof Hermann Dingelstad eingesegnet werden – „benediziert", wie man zu sagen pflegte.

Ältere Münsteraner erinnern sich noch heute lebhaft daran, wie das 1905 vollendete Gotteshaus bis vor dem letzten Krieg ausgesehen hat: Imposant die beiden mächtigen him-melstrebenden Kirchtürme, die die Silhouette Münsters nach Süden hin markant mitbestimmten; dann das schöne große Spitzdach über dem Langhaus; beeindruckend auch die Querschiffdächer, der Turm über der Vierung und die Spitzen der schlanken Treppentürmchen.

Man tut niemandem weh, wenn man das heutige Äußere von St. Joseph als Torso bezeichnet. Die Türme in alter Form wieder „hochzuziehen", fehlte (und fehlt) das Geld, sie sind nur mehr steinerne Stümpfe (das kleine Türmchen auf dem nördlichen Turm nennt der Volksmund etwas ungnädig „Zahnstocher"). Auch das hohe Dach des Mittelschiffes mit den umlaufenden Steinbalustraden und die Querschiffgiebel

wurden nicht wieder errichtet. Aber trotz allem: Noch immer ist die einstige schöne große Form, wie sie Dombaumeister Bernhard Hertel 1900 erdacht hat, zu erspüren.

In den siebziger Jahren des vorigen Jahrhunderts begann sich Münster weit über die alten Grenzen der Stadt hinaus auszudehnen. Besonders rege war diese Bautätigkeit vor dem Ludgeritor und zu beiden Seiten der Hammer Straße ("Chaussee"). Die erste St.-Josephs-Kirche, ein schlichter kleiner Bau mit Holzgewölbe (1902 abgebrochen), wurde 1894 zur Rektoratskirche erhoben.

Die offizielle Abpfarrung von St. Lamberti nahm der münsterische Diözesanbischof Brinkmann im Jahre 1898 vor. Später wurden noch Heilig Geist (1929 eingeweiht) und St. Sebastian (1963) abgepfarrt. Aber auch St. Antonius und St. Elisabeth haben Teile von der Josephs-Pfarrei "abbekommen". Heute zählt die Gemeinde rund 8000 Angehörige – und ist damit eine der größten von Münster überhaupt: Das Gemeindegebiet reicht vom Ludgeriplatz bis zur Augustastraße, von Haus Sentmaring bis zur Friedrich-Ebert-Straße.

Pfarrer Johannes Schmithausen, Stadtdechant und Ehren-Domkapitular, hat es mit einem dicht besiedelten innenstadtnahen Gebiet zu tun, in dem besonders Handwerker, Kaufleute, Angestellte und Beamte stark vertreten sind. Als besonderes Problem nennt er die "starke Fluktuation": In einem einzigen Jahr werden zwischen 600 und 800 Umzüge registriert. Im 1945 völlig zerstörten Südviertel sind in den Nachkriegsjahren fast nur kleine Wohnungen errichtet worden – "das dritte Kind bedeutet meist Auszug" (Schmithausen).

Brand- und Sprengbomben haben St. Joseph in den Jahren 1941 bis 1945 schwer zerstört. Die Pfarrer Vennebusch und Höing standen vor einem Chaos. Am Abend des 12. September ber 1944 brannte das Gotteshaus lichterloh, seine "Türme stiegen als riesige brennende Fackeln zum Himmel", heißt es in der Chronik. Um so erstaunlicher muß erscheinen, was die versprengte Gemeinde in den folgenden Jahren aus einer Kirche gemacht hat, die bis auf die Grundmauern zerstört war und ohne jedes Gewölbe dastand. Eine große Opferbereitschaft, die über bloßes Geldzahlen weit hinausging, machte den Wiederaufbau möglich.

Das Innere von St. Joseph, so wie es sich heute in beeindruckender Geschlossenheit und in Anpassung an neuere liturgische Formen darbietet, konnte erst in den Jahren 1976/77 neugestaltet werden. Am 2. Oktober weihte Bischof Tenhumberg den neuen Hauptaltar ein, der auf einer großen Altarinsel aus grau-grünem Dolomit weit nach vorn in die Vierung, also gewissermaßen in das alte Querschiff gerückt worden ist. Eine durchbrochene Retabelwand mit einer Kreuzigungsgruppe (früher außen im großen Westgiebel) bewirkt eine optische und mehr noch liturgische Trennung von Hauptkirche und Chorkirche ("Werktagskirche"). Die wohltuend harmonischen Raum- und Maßverhältnisse sind in vollem Sinne erhalten geblieben – durch eine wohlakzentuierte Farbgebung der Wände, Gewölbe, Säulen und andere Architekturteile eher noch verstärkt.

Als gelungen darf besonders die neue Gestaltung des hinteren östlichen Chores angesehen werden; früher stand hier – vor reich gestalteten Glasmalereien der drei gotischen Apsis-Fenster – ein mehrflügeliger Hochaltar. Während der 80wöchigen Renovierung wurde besonderer Wert darauf gelegt, die reich gestalteten Wände mit den Friesreliefs von Grund auf zu restaurieren. Dieser Teil der Kirche gilt in seiner harmonischen Architektur auch heute noch als schönster Teil der Josephskirche.

St. Josef

Gittrupper Straße, Gelmer   (Lageplan Nr. 19)

Kaum ein Ortsteil Münsters weist eine so miteinander verwobene Schul- und Kirchengeschichte auf wie das über tausend Jahre alte Gelmer (althochdeutsch "Gelmari") mitsamt den Bauerschaften Gittrup, Overeschenhoek und Fuestrup. Was heute geradezu unvorstellbar ist: Im Jahre 1863 wurde mit dem Bau einer Kapelle und eines Schulraumes begonnen, die einzig durch eine hölzerne Schiebetür voneinander getrennt waren. Des Sonntags beim Gottesdienst konnten die Gläubigen dort der Meßfeier folgen, wo in der Woche ABC-Schützen das kleine Einmaleins büffeln mußten.

Jahrhundertelang hatte sich die Landbevölkerung von Gelmer zum Kirchgang auf den beschwerlichen Weg zur St.-Mauritz-Kirche oder aber zur Pfarrkirche in Gimbte gemacht. Die Errichtung einer ersten Kapelle zu Ehren des heiligen Josef mit angrenzendem Schulraum und Lehrerwohnung brachte eine erhebliche Erleichterung. Im Jahre 1947/48 übrigens, als die Kapellenkirche erheblich erweitert und renoviert wurde, stießen Bauarbeiter im südlichen Seitenschiff, dem einstigen Chor der Kapelle, auf die Urkunde der Grundsteinlegung aus dem Jahre 1863.

Unterzeichnet am 30. Mai 1863 zu Gelmer in der Pfarre St. Mauritz, heißt es dort: "Im Jahre des Heiles 1863, unter dem Pontifikat Seiner Heiligkeit Pius IX., des glorreich regierenden Papstes, unter dem Episkopat Johann-Georgs, des Kenners und Förderers christlicher Baukunst, und unter der Regierung des erhabenen und mächtigen Königs von Preußen, Wilhelm I., wurde diese Kapelle, zugleich mit dem anstoßenden Schulgebäude und der Wohnung des Lehrers, von den Eingesessenen der Bauerschaft Gelmer aus freiem Antrieb und mit größter Einhelligkeit, zur Ehre Gottes und Heile der Seelen erbaut."

Nachdem lange Zeit Kapläne von der Mutterpfarre St. Mauritz die Gottesdienste in Gelmer gehalten hatten, konnte 1904 erstmals ein ständiger Geistlicher angestellt werden – durch die "große Stiftung eines hochherzigen Wohltäters",

wie damals in einem Zeitungsbericht ausdrücklich vermerkt wurde. So waren die Gelmeraner zu Recht stolz darauf, daß in diesem Jahr zum ersten Mal eine Fronleichnamsprozession, das „Ewige Gebet" und die Feier der Erstkommunion stattfinden konnten. Ebenfalls 1904 erhielt das Gotteshaus aus dem früheren Schulraum eine eigene Sakristei (das Amt St. Mauritz bekam jährlich einen Mietzins!); bisher hatte eine Art Bretterverschlag im Kapellenraum selbst als Sakristei herhalten müssen. 1912 bekam die Rektoratskirche sogar eine Orgel – zum Preis von exakt 3923 Reichsmark.

Eingedenk des „alten" Gelmer und der bis weit ins Mittelalter zurückzuverfolgenden Geschichte dieser Bauerschaft mag man sich über die „junge" Pfarrgemeinde wundern: Erst am 1. Februar 1949 – nach der Renovierung des Gotteshauses – wurde St. Josef von Bischof Keller zur selbständigen Pfarre erhoben. Heute gehören rund 1050 Katholiken zu der Gemeinde. Doch bis zum Ende dieses Jahrhunderts dürfte sich diese Zahl, bedingt durch anhaltende Bautätigkeit, auf 2000 erhöhen.

Hier liegt ein wesentliches Motiv, das vor einigen Jahren erste Pläne eines Kirchneubaus reifen ließ. Etwas anderes spielt eine noch maßgeblichere Rolle: Wenn es auch noch 1956 in einer Festschrift geheißen hatte, Gelmer besitze „heute ein schönes Gotteshaus, um das uns viele beneiden", so verlor dieses Prädikat doch in den siebziger Jahren immer mehr an Gültigkeit. St. Josef weist mittlerweile schwere bauliche Mängel auf – von Fundamentsenkungen und Rissen, die die Standsicherheit gefährden, bis zur fehlenden Wärmedämmung. Die Breite des Kirchenschiffes beträgt gerade 6,80 Meter, der beengte Altarraum wird den liturgischen Anforderungen kaum mehr gerecht.

Die Gemeinde hat sich für einen Neubau entschieden, der an der Ecke Gittruper Straße/Gelmerheide entstehen und 1983 eingeweiht werden soll, so die frühzeitig verfochtene Zielprojektion von Pfarrer Klaus Jung. Der größte Teil der Kirche und die angrenzende frühere Lehrerwohnung, die später lange Zeit als Dienstwohnung des Küsters fungierte, sind dann nicht mehr nötig (Abriß). Anders sieht die Pfarre den Turm, der noch vergleichsweise gut „in Schuß" ist. Er könnte als Glockenträger „Campanile"-Funktion übernehmen und mit einer Pergolaverbindung zu Neu-St.-Josef den Kirchplatz begrenzen. Kirche als sakrale Baugruppe, die Altes in Neuem aufgehen läßt ...

St. Josef
Straße „Kinderhaus", Kinderhaus

(Lageplan Nr. 20)

Ob all die Autofahrer, die Tag für Tag auf der Grevener Straße durch Kinderhaus brausen, wohl gelegentlich an die überaus wechselvolle, rund 650jährige Geschichte dieses heutigen Ortsteils von Münster denken? Von den „Kindern" nämlich, die dem alten Münster durch die kommunale Neugliederung erwachsen sind, können nur die allerwenigsten auf eine solche fast „atemberaubende" Vergangenheit zurückblicken wie gerade Kinderhaus. Zwischen 1326 und 1342 wurden hier mehrere Hütten für Aussätzige errichtet – Siechenhäuser für Menschen, die von der „Geißel Lepra" geschlagen waren. Direkt daneben entstand 1449 für die Aussätzigenstation eine kleine Leprosenkirche, das heutige rechte Hauptschiff der Pfarrkirche St. Josef ...

Im Mittelalter galt der Aussatz, eine Seuche, gegen die jede ärztliche Kunst machtlos war, als Strafe Gottes. Hier dürfte auch die Erklärung des Namens Kinderhaus zu suchen sein: Die Leprosen wurden wegen ihrer Hilflosigkeit und Unmündigkeit „Kinder" genannt, „seke Kinder" (sieche Menschen). So heißt also Kinderhaus schlicht Leprosenhaus. Wie damals in Kinderhaus, so wurden die Aussätzigen überall in Deutschland wegen der Ansteckungsgefahr in Siechenhäuser verbannt. Noch zwei Jahrhunderte später heißt es in einer Verordnung: „Die Siekenkinder sollen in Städten und Dörfern, wannen sie gesunden Leuten begegnen, aus dem Wege entweichen, keine Gesellschaft mit gesunden Leuten halten, auch sich in keinen Herbergen niedersetzen und darin Zech halten, vielweniger sich voll und trunken trinken."

In Kinderhaus liegt einer der seltenen Fälle vor, daß ein Leprosenhaus mit dem dazugehörigen Kirchlein den Kern eines späteren Gemeinwesens bildete und ihm seinen Namen gab. Die Stiftung für dieses „Kinderhaus" wurde im März 1342 durch den münsterischen Bischof Ludwig II. bestätigt; er setzte auch für die geistliche Betreuung der Leprakranken einen „Rector ecclesiae tor Kinderhus" ein. Die 1342 gebaute kapellenartige Rektoratskirche wurde der heiligen Gertrud von Nivelles geweiht, die im Mittelalter als Schutzpatronin der Aussätzigen verehrt wurde.

„Kanonenbischof" Christoph Bernhard von Galen lagerte bei der Erstürmung Münsters im Jahre 1655 ganz in der Nähe von Kinderhaus. Seither soll er diesem Flecken vor den Toren der Stadt zugetan gewesen sein: Der Fürstbischof erweiterte die Kirche 1672 – die Lepra war damals in und um Münster längst erloschen – um einen Chor und einen westlich vorgesetzten Turm (ihn schmückt bis auf den heutigen Tag das Wappen Christoph Bernhards). Das Patrozinium der heiligen Gertrud wandelte er in das des heiligen Joseph um, als die von Rom herübergekommene Josephsverehrung auch in Deutschland immer mehr Freunde gewann. Erst am 1. Dezember 1908 wurde St. Josef in Kinderhaus vom Rektorat zur selbständigen Pfarre erhoben.

Direkt vor dem Galenschen Kirchturm steht ein kleines Haus, das sogenannte „Lazarushäuschen" aus dem Jahre 1618. Erst 1974 ist es von Grund auf erneuert worden: Im Innern die Statuen der heiligen Gertrud und des Lazarus als

Patron der Aussätzigen – in seiner Hand der Siechennapf und die Klapper der Leprosen, die vor Berührung warnen sollte. Jahrhundertelang wurde hier Geld durch die Vergitterung geworfen, das den Leprosen zugute kam.

Noch bis zum Ersten Weltkrieg war Kinderhaus das Ziel von Wallfahrern, die hier dereinst ihren Obolus für die Kranken gaben. Eine alte Inschrift am Lazarushäuschen: „Ach reisender Mensch, bedenke die aussätzigen Armen, so wird Gott dir Glück geben und sich deiner selber erbarmen". In einer Mauer zwischen der Kirche und dem von Christoph Bernhard 1671 errichteten späteren „Armenhaus" (heute Altersheim) ist noch deutlich eine zugemauerte Öffnung auszumachen, durch die den Aussätzigen früher Speisen und sonstige Gaben gereicht wurden.

Pfarrer Karl Stindt, seit 1908 erst der fünfte Pfarrer von St. Josef, hatte 1975 eine großartige Idee: Es sollte mit der Restaurierung nicht nur das Lazarushäuschen selbst, sondern auch „der alte Gedanke des Helfens verlebendigt" werden, zumal die Geschichte von St. Josef „weniger die Geschichte einer Pfarre, sondern die einer Aussätzigenstation ist". Der Opferstock des Häuschens kommt heute wieder Aussätzigen zugute – in Brasilien: Regelmäßig schickt der Kinderhauser Pfarrer dem befreundeten Bischof Rüth in Acre Spendengel-

der für Aufbau und Unterhalt der Leprosenstation in Cruzeiro do Sul zu. „Ich habe den Kindern gesagt, Aussätzige hat es nicht nur vor Jahrhunderten bei uns in Kinderhaus gegeben, sie gibt es noch heute in Brasilien." Rund 280 000 Mark sind in sechs Jahren aus Kinderhaus St. Josef nach Acre geflossen.

Daß sich auch Neubürger in der Trabantenstadt Kinderhaus wohlfühlen können, die so gar nichts mehr mit Alt-Kinderhaus zu tun zu haben scheint, liegt möglicherweise zu einem guten Teil auch an der geschichtsträchtigen Vergangenheit von St. Josef. Viele unter den 8400 Katholiken in dieser großen Pfarrei Münsters lassen sich von ihr ansprechen – trotz der ständigen Unruhe, die die Fluktuation einer Großstadtgemeinde mit sich bringt.

Ihr heutiges Gesicht erhielt St. Josef durch die Erweiterungen und Umgestaltungen in den Jahren 1953/54: Das 500 Jahre alte Gotteshaus wurde nach Norden um ein zweites „Hauptschiff" so vergrößert, daß es veränderten Notwendigkeiten Rechnung trug, ohne Charakter und Maße des alten Bauwerks zu zerstören. Das hypermoderne Altarkreuz (1972) paßt nur scheinbar nicht in den würdevollen Kirchraum; es spiegelt die Zerrissenheit der Welt – einst und jetzt.

St. Konrad

Mondstraße   (Lageplan Nr. 21)

Es war in den letzten Jahren des Krieges. Münsters historische Altstadt versank unter den immer dichter fallenden Bomben in Schutt und Trümmern. Da legte der neue Pfarrer von St. Konrad, Heinrich Scholtholt, ein Gelöbnis ab: Wenn die erst wenige Jahre alte Kirche von Zerstörung verschont bleibe, werde er zu Ehren des heiligen Kapuzinerbruders Konrad von Parzham eine große steinerne Statue des Namenspatrons in Auftrag geben. Und so geschah es, wie die Chronik berichtet. Denn die flehentliche Bitte des Pfarrers ging in Erfüllung: Das Gotteshaus an der Mondstraße blieb allen Luftangriffen zum Trotz nahezu völlig unbehelligt ...

St. Konrad – 1938 von Bischof Clemens August Graf von Galen konsekriert – ist Tochter- und Rektoratskirche von St. Mauritz. 1949 wurde sie offiziell zur Pfarrkirche erhoben. In den zwanziger Jahren ging es im Gebiet zwischen Werse und Maikottenweg, Vorsehungskloster und Rosengarten noch ausgesprochen ländlich und ruhig zu – eine Siedlung, einige Villen, alteingesessene Bauern. Erst Mitte der fünfziger Jahre setzte eine rege Bautätigkeit ein. Die Pfarrgemeinde dehnte sich erheblich aus, die Zahl der Seelen stieg von knapp 1000 (in den vierziger Jahren) auf heute 3200 an.

Daß es 1937/38, also zur „Hoch-Zeit" der Nationalsozialisten, überhaupt möglich war, eine katholische Kirche zu bauen, hat seine besondere Geschichte, für deren Wahrheitsgehalt sich alte Mauritzer noch heute verbürgen: Der Bauer Heinrich Brüning, auf dessen Grund und Boden später Pleisterschule und St.-Konrad-Kirche erbaut wurden, war nicht

bereit, sein Grundstück abzutreten, wenn nur die Schule, nicht aber das Gotteshaus erbaut würde: „Dat will'k Ju wull seggen – wenn Ji de Schaole bauen willt, dann künnt Ju dat doen; aower dat kümp bloß in Fraoge, wenn auk de Kiärke baut wädd. Süss kriegt Ji auk de Platz för de Schaole nich!" Die Behörden bissen auf Granit, die Kirche wurde ebenfalls genehmigt.

St. Konrad weist im Grundriß eine gedrungene Kreuzform auf. Da die Machthaber damals wegen der Einflugschneise des Handorfer Flugplatzes einen längeren schlanken Turm nicht zuließen, wurde in gleicher Breite wie das 38-Meter-Langhaus ein kurzer massiver Vierungsturm errichtet. Die architektonische Lösung erweist sich, besonders von innen betrachtet, als gelungen: Die Höhe unter der Vierung beträgt zwölf Meter, im sonstigen Kirchenraum – auch in den kleinen stumpfen Seitenschiffblöcken – 8,60 Meter. Dadurch gewinnt der Innenraum eine beachtliche Raumsteigerung. Die Vierung im Schnittpunkt des Kreuzes hebt sich durch halbrunde Bögen von der tieferen Decke des Hauptschiffes (kieferne Kassetten) ab.

Das Innere von St. Konrad ist ansprechend, wirkt atmosphärisch und strahlt Ruhe aus. Vom gekälkten Weiß der Wände heben sich die Rundbogenfenster auf der Nord- und Südseite (von Theo Junglas) erfrischend ab; besonders schön die große Rosette an der Westseite – verwendet wurde auch hier ornamentiertes farbiges Antikglas.

Der einst an der östlichen Stirnseite befindliche Hochaltar besteht nicht mehr. Das fünfstufige Chor wurde abgesenkt. An seine Stelle trat eine auf Rädern verschiebbare Altarinsel, die an hohen Festtagen (wenn Chor und Orchester ganz hinten stehen) bis unmittelbar an das vordere Kirchengestühl heranrücken kann.

Eine optische Linie zum Mittelgang aus unsymmetrischen Blöcken (Baumberger Sandstein) bildet das große steinerne Relief des gekreuzigten Jesus Christus. Obwohl der Stamm bereits verkürzt wurde, mißt er noch immer fast fünf Meter. Pfarrer Günter Landgraf: „Weil in der Nazi-Zeit alle Kreuze aus den öffentlichen Gebäuden verschwinden mußten, wollten die Pfarrangehörigen von St. Konrad mit diesem übergroßen Kreuz in ihrer Kirche demonstrieren, daß sie sich zu Christus, dem Gekreuzigten, bekannten."

St. Lamberti

Prinzipalmarkt   (Lageplan Nr. 22)

Dort, wo die mittelalterlichen Anfänge der alteingesessenen münsterschen Kaufmann- und Handwerkerschaft zu suchen sind, erhebt sich stattlich St. Lamberti. Die Stadt- und Marktkirche, einmal als „reifster Hallenbau der Spätgotik in Westfalen" bezeichnet (Dehio), gehört als Hauptkirche der Bürgerschaft zu den ältesten Gotteshäusern Münsters.

Die Stadtpfarrkirche zeichnet gleich eine ganze Fülle von Denkwürdigkeiten und Besonderheiten aus: Auf ihrem „Territorium" liegen mit der Dominikanerkirche und St. Servatii

Die Stadt- und Marktkirche gehört aufgrund ihrer Raumwirkung zu den am meisten beeindruckenden Gotteshäusern der Stadt Münster.

zwei weitere bedeutende Altstadtkirchen – an ihrem Turm erinnern eiserne Käfige an die Zionsvisionen der Wiedertäufer – der 1482 erstmals erwähnte Turmwächter bläst noch heute, was die Stunde geschlagen hat – im Schatten der Hallenkirche wurde der Arbeiterbischof von Ketteler geboren, in ihr getauft – von der Lamberti-Kanzel hielt der „Löwe von Münster" im Sommer 1941 zwei berühmt gewordene Predigten gegen die Ordensvertreibung und das Euthanasieprogramm der Nationalsozialisten . . .

Diese Reihe ließe sich fast beliebig fortsetzen. Seine unverändert große Bedeutung verdankt St. Lamberti seiner markanten Lage: Die Kirche schließt den mit Laubengängen umsäumten Hauptmarkt (Prinzipalmarkt) nach 160 Metern zum Norden hin ab und schafft zugleich die Verbindung mit dem Roggenmarkt und Fischmarkt. Zusammen mit dem reich ornamentierten, ebenfalls gotischen Rathaus sollte die Kirche die prosperierende Entfaltung der Stadt dartun.

Erst die 1976 im Zusammenhang mit einer umfassenden Kirchenrenovierung im Inneren durchgeführten Grabungen brachten den Beweis (schon früher geäußerter Vermutungen), daß hier bereits vor dem selbstbewußten Neubau des heutigen Gotteshauses aus der zweiten Hälfte des 14. Jahrhunderts (1375–1450?) noch ältere Gotteshäuser gestanden haben müssen: eine gotische Hallenkirche von etwa 1280, eine romanische Kirche, die vielleicht 1150 fertiggestellt war, und sehr wahrscheinlich eine noch frühere Steinkirche – Keramikfunde deuten auf das frühe 11. Jahrhundert. Zu vemuten ist, daß die erste Kapelle ein schlichter Fachwerkbau war.

Die heutige dreischiffige, gotische Halle dürfte Mitte des 15. Jahrhunderts fertiggeworden sein. Der neugotische Turm mit seiner mächtigen Brand-, Sturm- und Ratsglocke von 1594, der heute neben der Kathedralkirche und dem Rathaus geradezu Wahrzeichen von Münster ist, stammt allerdings vom Ende des vorigen Jahrhunderts und wurde dem Freiburger Münster nachempfunden. Sein weit kürzerer Vorgänger war 1881, zehn Jahre nach der Reichsgründung, wegen Baufälligkeit abgebrochen worden. Es hieß bereits in der Wiedertäufer-Ära, daß man die Leichen van Leidens, Krechtings und Knipperdollincks „hoch über der Stadt" am Lamberti-

Ein Ausschnitt aus einem Gemälde in St. Lamberti, das die Ermordung des Pfarrpatrons, des heiligen Lambertus, zeigt.

Jahrhundert wurden u. a. St. Ludgeri und St. Aegidii von St. Lamberti „abgepfarrt" als neue Pfarrsprengel.

Die Stadtpfarrkirche hat immer wieder wegen ihrer Proportionen, ihres äußeren Gestaltungsreichtums und der inneren großartigen Raumwirkung als Hallenkirche Bewunderung gefunden. Der schönste Blick auf die „geostete" Kirche ergibt sich von Süden, vom Rathaus herkommend: Alles scheint sich nach oben, himmelwärts zu strecken – der 90,5 Meter hohe Turm in seinem filigranen Aufbau, aber auch Streben, Spitzen, Pfeiler, Fialen und natürlich die spitzbogigen Fenster. Reich gestaltet die Maßwerkornamentik, besonders sichtbar in dem Relief über dem Hauptportal, das die Wurzel Jesse, den Stammbaum Christi, darstellt. Die ungewöhnlich reiche Gliederung setzt sich in den Chorpartien fort.

Schwerste Kriegsschäden – das Langhaus mit dem breiten, überspannenden Satteldach war fast ganz zerstört – sind in den fünfziger Jahren unter Pfarrer Felix Uppenkamp nach Kräften beseitigt worden. Die Reparaturarbeiten der Jahre 1976/77 galten (neben dem Turm) besonders dem Kircheninneren – fast 20 Monate war St. Lamberti nicht mehr zugänglich. Am 17. September 1977 weihte Bischof Tenhumberg den neuen Altar. Die kostbare gotische Halle erstrahlte wieder in neuem Glanz und wurde zugleich den erneuerten liturgischen Bedürfnissen gemäß dem Zweiten Vatikanum gerecht.

Die Kirchengemeinde St. Lamberti umfaßt heute knapp 3000 Mitglieder und ist auch nach Meinung von Pfarrer Ferdinand Hälker „nicht günstig zur Kirche gelegen": vom Prinzipalmarkt bis zur Zumsandestraße, in südöstlicher Richtung bis zum Hauptbahnhof. Die Mobilität der Gemeinde ist außerordentlich groß, rein statistisch gesehen „ziehen alle Mitglieder der Pfarrgemeinde in je vier Jahren einmal um" (Hälker).

Der Bedeutung als Stadtkirche entsprechend, kommen sehr viele, zum Teil wechselnde Gottesdienstbesucher aus allen Teilen der Stadt nach Lamberti. Nur 40 Prozent der Gläubigen, die an den Wochenenden die drei Sonntags- oder die beiden Abendmessen besuchen, rechnet der Pfarrer zur Lamberti-Pfarre. Nach dem Paulus-Dom, der Bischofskirche, dürfte es kein zweites Gotteshaus in Münster geben, das Tag für Tag von so vielen Menschen aufgesucht wird wie St. Lamberti – durchaus nicht nur zur Besichtigung, sondern auch zu Gebet und Kontemplation.

turm in Käfigen zur Schau gestellt habe. Münster war nicht zum „neuen Jerusalem" geworden ...

Der heilige Lambertus, der Pfarrpatron, ist keineswegs, wie etwa St. Erpho, Bischof von Münster gewesen, sondern Oberhirte von Maastricht – 705 starb er den Märtyrertod. Die Lambertusverehrung kam schon frühzeitig über den Rhein nach Westfalen. Im gesamten Bistum Münster gibt es heute nicht weniger als 13 Lambertus-Patrozinien. Im 12.

Liebfrauen-Überwasser

Überwasserkirchplatz   (Lageplan Nr. 23)

Weihnachten Anno Domini 1040: ein herausragendes Datum in der Stadtgeschichte Münsters. Kaiser Heinrich III. aus dem Hause der Salier weilte mit großem geistlichen und weltlichen Gefolge in Mimigerneford zur feierlichen Weihe

der Pfarr- und Stiftskirche Überwasser. Nie zuvor war solcher Glanz auf das damals rund 250 Jahre alte Münster gefallen. Zwölf Bischöfe und Erzbischöfe, bedeutende Vertreter der Großen des Reiches, nahmen in Liebfrauen-

Überwasser, der ältesten Marienkirche des Bistums, an der feierlichen Weihehandlung teil. Der Bezirk Überwasser war 1040 der erste, der von der Dompfarre abgepfarrt wurde.

Es verwundert kaum, daß gerade Auswärtige mit dem Begriff „Überwasser" wenig anzufangen wissen. Es war der Bistumsgründer Liudger († 809) selbst, der für die Bewohner jenseits der Aa (vom Dom aus gesehen „über das Wasser") eine Marienkirche bauen ließ: „Sancta Maria trans aquas" – Liebfrauen-Überwasser. In dem ersten Gotteshaus, das als Holz- oder Fachwerkbau zu denken ist, soll der Überlieferung nach der heilige Ludgerus nach seinem Tod in Billerbeck 32 Tage lang aufgebahrt gewesen sein, bevor die sterbliche Hülle Karl dem Großen und seinem eigenen letzten Wunsch entsprechend nach Werden (Essen) überführt wurde. In der alten Ludgerus- oder Jerusalem-Kapelle an der

Der Altaraufsatz in der Ludgerus- bzw. Jerusalemkapelle von Liebfrauen stellt die Aufbahrung des heiligen Liudger dar.

Nordwestseite der Kirche hält ein Gröninger-Relief die Erinnerung daran wach.

Anstelle des ersten Gotteshauses ließ der münsterische Bischof Hermann I. (1032–1042) eine romanische dreischiffige Basilika bauen. Direkt benachbart, dort, wo sich heute das 1787 errichtete Bischöfliche Priesterseminar erhebt, gründete er zur gleichen Zeit ein adeliges Frauenstift. Die Überwasserkirche war also zugleich Gotteshaus des Diakonissenstiftes der heiligen Maria und Pfarrkirche der Überwasser-Vorstadt. Die erste der Äbtissinnen, die „aus edelfreiem Geschlecht" (Max Geisberg) stammten, war die Schwester des Bischofs Hermann, Bertheide. Das adelige Damenstift hatte bis zu 20 „Stiftsjungfern", bei der Aufhebung im Jahre 1773 waren es noch fünf.

Im ehemaligen Liebfrauenstift Überwasser gründete Freiherr Franz von Fürstenberg 1780 die Universität.

Die heutige Überwasser-Kirche, ganz sicher eine der schönsten gotischen Hallenkirchen Westfalens, geht auf das Jahr 1340 zurück. Eine Inschrift am Westportal gibt als Tag der Grundsteinlegung für die spätgotische Hallenkirche den 2. Juli 1340 an. Der mächtige, reich geschmückte Turm von Überwasser, 56 Meter hoch und bis heute eines der Wahrzeichen Münsters, steht auf einem fast quadratischen Grundriß von 15 mal 15 Metern. Mehr als 50 Jahre wurde an ihm

Ein verwittertes Epitaph im Turm von Überwasser, jahrhundertelang außen angebracht, zeigt den Gründerbischof Hermann I.

gebaut. Den ursprünglich schlanken Helm stürzten die Wiedertäufer in die Tiefe, seinen Nachfolger wehte 1704 ein schwerer Sturm herunter. Die Spitze wurde nicht wieder erneuert.

Apropos Wiedertäufer: Die Zionsvisionäre, die „alles Hohe niedrig werden lassen" wollten, „hebben unser lieben Frowen kerke von binnen destruert", wie Kerssenbrock berichtet: „Die kap von dem torne iss nieder geworpen." Die Männer um Jan van Leiden errichteten auf der Plattform des Überwasserturmes einen Geschützstand für ihre Kanonen. Im Innern der Kirche richteten sie schwere Zerstörungen an. In den Befestigungsanlagen am Kreuztor verscharrte alte Skulpturen vom Figurenportal an der Westseite (um 1370 entstanden) fand Geisberg 1898, also über 350 Jahre später, wieder auf. Sie befinden sich jetzt im Landesmuseum in Münster.

Schwerere Wunden noch schlug der letzte Krieg der 600 Jahre alten Kirche, nachdem das Gotteshaus erst wenige Jahrzehnte zuvor vollständig renoviert worden war. Das gesamte Langschiff, der Chor und die alte Sakristei von Überwasser wurden von Brand- und Sprengbomben zerstört. 1949 übergab Bischof Michael die Kirche wieder dem gottesdienstlichen Gebrauch. Der weitere Wiederaufbau vollzog sich in den Jahren 1956 bis 1961, nach 1968 folgten weitere Restaurierungsarbeiten. Von 1980 bis 1982 mußten die Säulen und Grundmauern mit Eisenbetonfundamenten neu unterfangen werden. Der Grund: eine erhebliche Grundwasserabsenkung, die den „Pfahlrost", auf dem die Kirche steht, verfaulen zu lassen drohte.

Zahlreiche Bauerschaften, etwa Coerde, Jüdefeld, Uppenberg, Gievenbeck und Sprakel gehörten einst zur Überwasserpfarre. Manche „Kinder" entließ die Gemeinde später in die Selbständigkeit – von St. Marien in Sprakel über Dreifaltigkeit bis zu St. Theresia. Noch 1903 zählte Überwasser 17 000 Seelen, heute sind es 5600 Katholiken mit erstem Wohnsitz, mit Nebenwohnsitzen über 9000.

Die Pfarrkirche liegt – so Pfarrer Heinrich Mies – in äußerster Randlage: Das Pfarrgebiet umgreift den Zentralfriedhof, stößt entlang der Steinfurter Straße fast bis Wilkinghege und erreicht im Gievenbecker Raum beinahe die Sternwarte am Horstmarer Landweg. Liebfrauen-Überwasser ist also keine „typische" Innenstadtpfarre, anders, als die Lage der Kirche vielleicht andeutet – nur zwei Steinwürfe vom Dom entfernt.

St. Ludgeri

Marienplatz

(Lageplan Nr. 24)

Der Betrachter dieses prächtigen münsterischen Altstadt-Gotteshauses braucht nicht erst vor den Kirchportalen zu stehen, um bestätigt zu finden, was sich in einer Festschrift zum 800jährigen Pfarrjubiläum im Jahre 1973 – wohlgesetzt und fast ein wenig enthusiastisch – so anhört: „Unter allen Kirchen Münsters ist keine, deren äußeres Bild St. Ludgeri an Eleganz und Feinheit, an Kostbarkeit und freudigem Eindruck gleichkommt." In der Tat: In der Silhouette der Stadt besticht der achteckige „bekrönte" Ludgeri-Kirchturm wie kein zweiter durch die Leichtigkeit und Transparenz seines Aufbaus.

Die Anfänge der Pfarrgründung gehen bereits ins frühe 12. Jahrhundert zurück, als Bischof Burchard den Plan faßte, die Stadt Münster durch die Gründung neuer Pfarreien zu erweitern – es bestanden damals neben dem Dombezirk die Pfarren von Überwasser und Mauritz. Er erwarb im Süden der Stadt ein Grundstück und gab es in die Obhut eines Domherrn. Doch erst unter Burchards Nachfolgern, den Bischöfen Ludwig und Hermann II., konnte die Gründung einer „Sancti Ludgeri Parochia Monasteriensis" verwirklicht werden, aus heutiger Sicht übrigens nahezu zeitgleich mit den Pfarrgründungen von St. Aegidii, St. Martini und (etwas später) St. Servatii.

Die Bürgerschaft hatte durch ihre Unterstützung erheblichen Anteil daran, daß es in der zweiten Hälfte des 12. Jahrhunderts gelang, eine gleichmäßige kirchliche und seelsorgliche Versorgung in einer auf Zuwachs angelegten und neu abgesteckten Stadt Münster sicherzustellen. Wann genau die „Ludgerianer" ihr nach dem Stadt- und Bistumsgründer Liudger benanntes Gotteshaus begonnen haben, läßt sich exakt nicht mehr rekonstruieren. Fest scheint indes zu stehen, daß im Jahre 1172 eine erste hölzerne Kapelle errichtet wurde. Von 1178 bis 1811, also bis zur Säkularisierung, war St. Ludgeri zugleich Stifts- und Kollegiatskirche: An der Spitze des Stiftskapitels mit zwölf Kapitularkanonikern standen Propst und Dechant.

Im äußeren Erscheinungsbild der Kirche lassen sich deutlich zwei wesentliche Bauabschnitte ausmachen: Der ältere spätromanische umfaßt den Kern des heutigen Gotteshauses mit dem Langhaus und den unteren Geschossen des Vierungsturmes. Bedeutendstes Merkmal: In St. Ludgeri wurde als erstem Sakralbau in Westfalen der besondere Typus der „Stufen-Hallenkirche" verwirklicht. Anders als bei den romanischen Basiliken erhielt die Kirche ihren Lichteinfall nicht mehr vom Hochschiff, sondern durch die Fenster der Seitenschiffwände, die jetzt fast die Höhe des Hauptschiffes erreichten und nur geringfügig eingewölbt waren.

Eine furchtbare Feuersbrunst, die im Jahre 1383 fast die ganze Südstadt Münsters in Schutt und Asche legte (sie führte mit der Pestepidemie des Vorjahres zur Stiftung der Großen Prozession, die bis in diese Tage Bestand hat), bildete den zweiten wichtigen baulichen Einschnitt: Mit dem Wie-

deraufbau erhielt St. Ludgeri um 1400 einen spätgotischen, von großen Fenstern durchlichteten Chor, gebildet aus sieben Teilen eines Zehnecks. Der Vierungsturm wurde um zwei Geschosse erhöht und von einem mit Maßwerkornamentik und schlanken Fialen geschmückten Oktogon gekrönt.

Gerade aus diesem Gegensatz spätromanischer Raumordnung und himmelwärts strebender Leichtigkeit, wie sie die Gotik zum architekturalen Prinzip erhebt, bezieht die Ludgerikirche ihren besonderen Reiz. Die beiden westlichen Türme (Königsstraße) sind erst 1875 nach dem Vorbild von St. Gereon in Köln entstanden, hatten aber vor dem 1383er Brand bereits etwas wuchtigere Vorgänger. Übel haben die Wiedertäufer der Kirche mitgespielt, wie Greßbeck berichtet: „Si hebben dat spitzel von der Kerken geworpen". Die Sandsteinreliefs des romanischen Taufsteins künden noch heute durch die abgeschlagenen Köpfe des Figurenschmucks von dem blindwütigen Eifer der Zionsvisionäre.

Doch weitaus schlimmere Wunden schlugen dem Gotteshaus die Brand- und Sprengbomben des letzten Krieges, als Dächer, Wände, Gewölbe, Pfeiler und nicht zuletzt die wertvolle Ausstattung zerstört wurden. Doch schon 1946 wurde mit der Beseitigung der Trümmerberge und 1948 mit dem Wiederaufbau in den alten Formen begonnen. Mehr als nur ein Sinnbild ist das geschnitzte Triumpfkreuz, das bis zum Krieg hoch im Gewölbe des Vierungsturmes hing. Bei einem Bombenangriff am 30. September 1944 verlor das Kruzifix beide Arme, ein Bombensplitter steckte mitten in der Brust des Christuskorpus. Das Kreuz, das heute im südlichen Seitenschiff über den Abbildungen des ehemaligen Stiftsdechanten Niels Stensen (1680/81) und der in St. Ludgeri zum Karmel berufenen Auschwitz-Märtyrerin Edith Stein hängt, trägt die Inschrift: „Ich habe keine anderen Hände als die Euren".

St. Ludgeri gehört heute zu den kleinen Altstadtgemeinden in Münster. Nur noch rund 1500 Katholiken zählt die Pfarre im Jahre 1982. In den letzten zehn Jahren, so hat Pastor Heinrich Ahland einmal errechnet, hat sich die Zahl der Gemeindemitglieder um rund die Hälfte reduziert. Junge Familien mit Kindern ziehen fort aus der Innenstadt – wenn

Mehr als nur ein Symbol: Ein Kreuz in St. Ludgeri mit einem Christus ohne Arme und einem Bombensplitter im Herzen.

es geht, hinaus ins Grüne. So ist die Zahl der jährlichen Erstkommunionen von einst 30 auf mittlerweile zehn zusammengeschrumpft. Ein Pfarrer hat „kaum Einfluß auf die Ausblutung der Altstadt", weiß auch Ahland, „es ist ein Zug dieser Zeit".

St. Ludgerus

Dülmener Straße, Albachten

(Lageplan Nr. 25)

Wer die Albachtener St.-Ludgerus-Pfarrkirche von Westen durch das Turmportal betritt, stößt rechts über dem Kirchturmaufgang auf einen schön restaurierten gotischen Schlußstein. Er stammt aus der zweiten Hälfte des 15. Jahrhunderts, schmückte also einst den Vorgängerbau des heutigen Gotteshauses von 1886 und zeigt den heiligen Ludgerus – in der Rechten den Hirtenstab, auf dem linken Arm Münsters spätromanische Ludgerikirche. Lange ist gemutmaßt worden,

die erste Kirche in Albachten, das 1142 erstmals urkundlich als „Terra Albucten" erwähnt wird, gehe vermutlich auf den Bistumsgründer Liudger zurück. Neue Forschungen aber sprechen eher dagegen.

Viel deutet darauf hin, daß das Kirchspiel „Albagthon" oder „Albatten" im 11. Jahrhundert gegründet worden ist. Noch von Kaiser Karl dem Großen stammt die Anordnung, daß zumindest zwei Bauernhöfe vorhanden sein mußten, um

In der Albachtener Pfarrkirche ist im Turmportal ein ehemaliger Schlußstein eingelassen, der Liudger mit St. Ludgeri zeigt.

„diese ihr zuteil gewordene große Wohltat vorzüglich Hochdero wohlwollenden Fürsorge und geneigten Berücksichtigung der seitherigen mißlichen Lage verdankt . . ."

Schon 1848, als die Pfarre 618 Seelen zählte, findet sich in den Protokollen ein Hinweis auf die zunehmende Baufälligkeit der außerdem zu klein gewordenen Kirche. Das Gotteshaus sei „dunkel und feucht". Nachdem zunächst eine Erweiterung ventiliert worden war, lautete der Beschluß dann doch auf Neubau; Ende Mai 1884 war die Grundsteinlegung. Die reinen Baukosten beliefen sich auf gut 72 000 Mark. Zum Vergleich – für das Richtfest der Turmspitze wurden 23 Mark ausgegeben: für 26 Butterbrote, eine Kiste Zigarren und zwei „Tanker" (54 Liter) Bier. Aus der abgebrochenen Kirche wurde u. a. der romanische Taufstein (um 1250) und die Predigtkanzel aus der Renaissance (um 1600) übernommen.

Die wertvolle Predigtkanzel aus der Renaissance-Zeit stammt noch aus der im vorigen Jahrhundert abgebrochenen Kirche.

den Unterhalt einer Kirche sicherzustellen. Der „Osthof" (später Haus Albachten) und der „Wiedelingshof" (heute Schulze Blasum) dürften die Voraussetzung für eine solche Kirchspielgründung erfüllt haben.

Bis zum Jahr 1884 hatte diese alte Pfarrkirche St. Ludgerus Bestand: ein bescheidenes Kirchlein mit romanischem Mauerwerk, Satteldach und einem Turm mit vierstufigem Treppengiebel, nur rund 17 Meter lang. 1497 ist an der Ostseite ein nahezu quadratischer Chorraum angefügt worden, der das Langhaus dieser „domkapitularischen Eigenkirche" um ein Beträchtliches überragte. Eine Federzeichnung des Architekten Hanemann aus Münster, der den Auftrag für das neue Gotteshaus erhielt, vermittelt einen guten Eindruck von Alt-St.-Ludgerus.

Zunächst war Albachten selbständige Pfarre, zu ihr gehörten auch Teile der Tochtergemeinde St. Pantaleon in Roxel. Im 13. Jahrhundert aber kehrten sich die Verhältnisse um, als offenbar die „Tochter" in Roxel die „Mutter" in Albachten überflügelte. Fortan war Albachten – wenn auch unter Wahrung der formalen Selbständigkeit – dem Pfarrer von Roxel unterstellt. Die Chroniken berichten von langen Fußwegen, die die „Ludgerianer" auf sich nehmen mußten, um der Meßfeier in St. Pantaleon beizuwohnen.

Zumindest zeitweilig zahlten die Bürger in einen „Primissariatsfonds" ein, um an bestimmten Sonn- und Feiertagen in Albachten eine Frühmesse gelesen zu bekommen. Erst 1822 gelang es unter großen materiellen Opfern und nach schwierigen Verhandlungen, die pfarrliche Eigenständigkeit zurückzuerlangen. In einem Schreiben an den Bischöflichen Provikar ließ die Gemeinde „Euer Hochwürden" wissen, daß sie

Gut 90 Jahre später wieder ein ehrgeiziges Bauvorhaben: Das Gotteshaus wurde 1977/78 nach Süden hin um einen zeltdachähnlichen Anbau so gelungen erweitert (Architekten Eberhard-Michael und Christa Kleffner-Dirxen), daß zwischen dem neuen „Seitenschiff" und dem gotischen Hauptschiff nicht der geringste Bruch in Maßen und Proportionen

auftrat. Pfarrer Norbert Galler wertete damals die Opferbereitschaft der Pfarre, die sich in Eigenleistungen von 100 000 Mark niederschlug, als „ermutigendes Glaubenszeugnis".

Nach siebenjähriger Planung und 18monatiger Bauzeit weihte Bischof Heinrich Tenhumberg am 12. März 1978 den neuen Hochaltar ein. Die Grundformen der Kirche waren erhalten geblieben – zugleich wesentliche Verbesserungen für die 2800-Katholiken-Gemeinde erreicht. Die Kirche, so heißt es in einer Festschrift zur Altarkonsekration, „atmet Erhabenheit und hohe Festlichkeit..."

St. Margareta

Hegerskamp   (Lageplan Nr. 26)

Wer auf der Wolbecker Straße stadtein- oder stadtauswärts fährt, kann den schlanken achteckigen Campanile schwerlich übersehen – einem überdimensionalen Bleistift ähnlich: Es ist der 35 Meter hohe Glockenturm von St. Margareta. Die Pfarrgemeinde mit ihren 3500 Katholiken ist ein „Kind" von Herz Jesu, wie man das Verhältnis zur Mutterpfarre schmunzelnd zu umschreiben pflegt, „unsere Großmutter ist St. Mauritz". Am 3. Mai 1963 hat Bischof Dr. Joseph Höffner das backsteinerne Gotteshaus an der Ecke Wolbecker Straße/ Hegerskamp eingeweiht.

Zurückgeblendet: Dort, wo heute am Franz-Grillparzer-Weg die Margaretenschule steht, befand sich zu Anfang der fünfziger Jahre ein alter Luftschutz-Hochbunker. Hier mußten die Kinder der „Hansen-Siedlung" höchst unzulänglich im Schichtunterricht das „ABC" lernen. Bei schlechtem Wetter „dröppelte" es durch, Wannen und Schüsseln fingen das von der Decke tropfende Wasser auf. Diese Bunkerschule, wie man den wenig anheimelnden Bau im Volksmund gewöhnlich nannte, war auch der Ort, wo 1951/52 die ersten katholischen Gottesdienste der entstehenden Gemeinde stattfanden.

Das Generalvikariat hatte bald ein Einsehen, daß für die vielen Menschen in den überall aus dem Boden schießenden neuen Häusern und Siedlungen eine solche gottesdienstliche Bleibe nicht lange Bestand haben konnte. So wurde ein ehemaliges Klassenzimmer wenigstens notdürftig in einen Kapellenraum umgewandelt und 1953 am Tag vor Peter und Paul seiner Bestimmung übergeben.

Die Herz Jesu-Gemeinde setzte nun alles daran, den Bau eines „richtigen" Gotteshauses voranzutreiben, wenn auch nur einer Notkirche. Ein Kirchbauverein trat auf den Plan. Kaplan Wilhelm Beckmann von Herz Jesu hatte die geistliche Betreuung der neuen Tochtergemeinde übernommen. Ein „patronus ecclesiae" fand sich recht bald: Die Kirche sollte den Namen der heiligen Margareta Maria Alacoque tragen, einer französischen Ordensfrau aus Burgund, die in der zweiten Hälfte des 17. Jahrhunderts als glühende Herz-Jesu-Verehrerin hervortrat. Das Patrozinium St. Margareta war mehr als nur eine Verbeugung vor der Mutterpfarre.

Dr. Georg Graf Droste zu Vischering übereignete der Gemeinde an der Ecke Wolbecker Straße/Mondstraße ein zwei Morgen großes Grundstück. Hier entstand eine Art Übergangskirche mit gut 200 Plätzen, die die Jahre bis zu einem endgültigen Kirchbau überbrücken sollte. Schon Mitte April 1956 konnte Richtfest gefeiert werden, und am 3. Juni weihte Generalvikar Laurenz Böggering den Kirchenraum ein. Der elf Meter hohe Glockenturm übrigens, der vor der Notkirche stand, erhebt sich heute vor der evangelischen Versöhnungskirche am Friesenring.

Der Pfarrer von Herz Jesu, Prälat Heinrich Eltrop, führte im Frühjahr 1957 Rektor Paul Wulf als ersten ständigen Seelsorger ein. Im August 1959 erhob Bischof Dr. Michael Keller das Rektorat St. Margareta zur selbständigen Pfarrgemeinde. Im Grunde war dies schon der Startschuß zu allen Überlegungen, der ständig größer gewordenen Kirchengemeinde zu einem großzügigen neuen Gotteshaus zu verhelfen. Wieder war es der Erbdroste zu Vischering, der der Pfarre nur einen Steinwurf von der Notkirche entfernt ein 5000 Quadratmeter großes Grundstück für einen Kirchenneubau übereignete. Mit einer einzigen Auflage: Nach Fertigstellung von St. Margareta sollte 30 Jahre lang am Fest der heiligen Margareta eine Messe für die Lebenden und Verstorbenen der Familie gelesen werden. Im Jahre 1993, wenn die Stadt Münster ihre 1200-Jahr-Feier begeht, wird diese Vereinbarung auslaufen...

Mehrmals wurde Anfang der sechziger Jahre in allen katholischen Kirchen Münsters für die neue Pfarrkirche gesammelt – das Motto: „Münster hilft Münster". Den Architektenwettbewerb hatte das Architektenehepaar Kleffner/ Kleffner-Dirxen für sich entschieden. Dann ging es sehr schnell: im Juli 1961 der erste Spatenstich, im November die Grundsteinlegung (ein Sandsteinquader aus dem kriegszerstörten Dom), im September 1962 das Richtfest und am 3. Mai 1963 schließlich die feierliche Konsekration. In der Notkirche, die heute als Pfarrsaal dient, war im März zum letzten Mal Eucharistie gefeiert worden. Im Jahre 1982 baute die Gemeinde im hinteren Teil des Gotteshauses eine kleine Werktagskirche, die „Paulus-Kapelle", für die tägliche Feier der Eucharistie.

St. Margareta ist übrigens eine der drei Pfarrgemeinden in Münster (neben St. Gottfried und St. Clemens in Hiltrup), die von Ordensleuten seelsorglich betreut werden. Der Pfarrer, Pater Karl-Heinz Kreutzmann, und Pater Wilhelm Wilholt gehören der „Gesellschaft Mariens" an, besser bekannt als Orden der Maristen. 1977 hatte die Ordensleitung den Wunsch an das Bistum herangetragen, in der Universitätsstadt Münster eine Pfarre zu übernehmen und hier eine Kommunität zu begründen. Bischof Heinrich Tenhumberg gab grünes Licht: „Ich könnte Ihnen die Pfarre St. Margareta anbieten..."

Klinikenkirche
Maria – Heil der Kranken

Waldeyerstraße

(Lageplan Nr. 27)

Gesundheit ist nicht alles – doch ist ohne Gesundheit alles nichts? Die katholische Klinikenkirche „Maria – Heil der Kranken" spricht da eine andere Sprache als dieses geflügelte Wort. Der Mensch auf der Schattenseite des Lebens, gerade der Kranke, auch der schwer und unheilbar Kranke, so scheint dieses Gotteshaus in den Ausdrucksformen seiner Architektur und Sakralkunst zu sagen, darf sich hineingenommen fühlen in die fürsorgende Liebe Gottes.

Der unablässige Strom der Gottesdienstbesucher und Beter, die die meditative Ruhe der ständig geöffneten Kirche auf sich wirken lassen wollen, weist der Klinikenkirche an der Waldeyerstraße ihren besonderen Stellenwert zu: Den Kranken will sie „eine Quelle übernatürlichen Lebens und ein Born des Trostes im Leiden" sein, wie es in der Grundsteinurkunde von 1957 heißt, den Klinikangestellten, den Ärzten, Schwestern und Helfern ein „Brunnen der Kraft zu selbstlosem Dienst". Der damalige Generalvikar Laurenz Böggering nannte die Klinikenkirche damals ein „Herzstück inmitten der Stadt der Kranken und der wissenschaftlichen Forschung".

Herzstück: So hatte sich Anfang der fünfziger Jahre Klinikenpfarrer Brink den Standort einer neuen zentrumbildenden Kirche inmitten des Klinikums gedacht. Dem Gotteshaus sollte als „Herzmitte der Klinischen Anstalten mit so viel Krankheit und Leid" das Kreuz als Grundriß gegeben werden. 30 Jahre lang hatte ein kleiner Kapellenraum im Dachgeschoß des Verwaltungsgebäudes am Westring (heute Domagkstraße) – mehr schlecht als recht – als Kirche herhalten müssen.

Auch in anderen Bereichen der Kliniken, etwa in der Hüfferstiftung, wurden sonntags Messen gelesen. „Eine solche Zersplitterung der seelsorglichen Betreuung ist auch im Hinblick auf den Mangel an Geistlichen nicht mehr tragbar", ließ Generalvikar Pohlschneider, der Vorgänger Böggerings und spätere Diözesanbischof von Aachen, Ende August 1954 Staatssekretär Busch im Düsseldorfer Kultusministerium wissen.

Pohlschneider bat das Land als Träger der Universitätskliniken dringend um Unterstützung beim Bau einer neuen Kirche, konkret: um 300 000 Mark (laut Baukostenvoranschlag). Eine gewaltige Summe für das neue Gotteshaus? Nun, der „vicarius generalis" vergaß in seinem Bittschreiben nicht hinzuzufügen, daß „nach uns zugegangenen Mitteilungen der Bau der Klinikenkirche in Freiburg im Breisgau sogar 650 000 Mark gekostet" habe . . .

Im Etatjahr 1954/55 wurden die Mittel für die Kirche als einer „Stätte des Gebetes für die Stadt der Kranken" (Klinikenpfarrer Brink) bewilligt. Der erste Preis eines Architektenwettbewerbes fiel an das Team Heselhaus/Richter; auch der Kirchenvorstand von Liebfrauen-Überwasser gab sein Plazet, denn das neue Gotteshaus lag auf dem „Territorium" der Überwasserpfarre. Auch hier galt längst als einhellige Überzeugung, daß für – 1956 – durchschnittlich über 1300 Patienten im Klinikenbereich und noch einmal soviel Angestellte ein Kirchbau überfällig war.

Am 12. September 1957 nahm Dechant Vahlhaus von Überwasser den ersten Spatenstich vor – bei strömendem Regen; und schon am 21. November war die Grundsteinlegung. Im Mai des folgenden Jahres folgte das Richtfest. Am 26. Oktober 1958, dem Christ-Königs-Fest, weihte Weihbischof Heinrich Tenhumberg „Maria – Heil der Kranken" ein.

Die bildhafte Sprache, die der künstlerischen Ausstattung des Gotteshauses zugrunde liegt, ist von beeindruckender Deutlichkeit. Die leichte Rundung der Altarrückwand mit der über dem Altar wieder abfallenden Decke gleicht der hereinholenden Hand eines ausgestreckten Armes: zeichenhafte Deutung des „Eins-Sein-in-Ihm". Das große Mosaikbild hinter dem Altarstein zeigt die Aufnahme Mariens in den Himmel. Gott nimmt Gestalt an in der Dreifaltigkeit – Jesus in der Person des Christus, Gott Vater als nach unten zeigende Hand, der Heilige Geist als Taube: Das Mosaik macht sinnenfällig, daß Krankheit und Tod nicht Ende einer Einbahnstraße, sondern Tor zum Leben sind, Zeichen der Hoffnung und des Trostes.

Lange läßt sich auch vor den beiden zehn Meter hohen Seitenfenstern verweilen, die in imponierender bildnerischer Geschlossenheit die sieben leiblichen und geistigen Werke der Barmherzigkeit darstellen mit Motiven aus dem Leben Jesu, aus Heiligenviten und der Heiligen Schrift, eingebettet in das Grün leuchtender Blüten. Durch das Ausüben der leiblichen Werke, so wollen beispielsweise die Szenen des linken Fensters sagen, kommt das Leben zum Erblühen: Brotvermehrung (Hungrige speisen); Christus am Jakobsbrunnen (Durstige tränken); St. Martin und der Bettler (Nackte bekleiden); Emmausjünger (Fremde beherbergen); Petrus in Ketten und der Engel (Gefangene befreien); St. Elisabeth (Kranke besuchen); Grablegung Christi (Tote begraben).

Schwester Erentrud Trost von der Benediktinerinnen-Abtei in Varensell bei Rietberg im Sauerland hat die großartige künstlerische Gestaltung des Gotteshauses geschaffen. In Münster finden sich noch mehrere Spuren ihres von tiefer Religiosität geprägten Wirkens: in der Klosterkirche der Franziskaner, im Clemens-Hospital und im Mutterhaus der Clemensschwestern, weiter in Telgte, Warendorf, Harsewinkel, Herne und auch im Ausland.

Die beiden katholischen Klinikenpfarrer Gerd Fasselt (Rektor der Kirche) und Werner Schweidtmann haben

immer wieder erfahren, daß „Maria – Heil der Kranken" ihrem Anspruch gerecht wird: „Sie ist für viele Zentrum in einer kleinen Stadt von Krankheit und Leid" (Fasselt). In der Kirche liegt ein Buch aus, in das der Besucher etwas eintragen kann. Zwiesprachigkeit mit Gott: „Lieber Gott, gib mir Kraft, meine Krankheit geduldig zu tragen."

St. Mariä Himmelfahrt

Dyckburgstraße

(Lageplan Nr. 28)

Am besten steigt man die Treppen hinauf ins Turmzimmer der Dyckburgkirche Mariä Himmelfahrt. Hier oben erschließt sich am ehesten die über 400 Jahre alte Geschichte der Dyckburg und ihres Kirchleins. Der mächtige Türsturz mit dem Wappen und Wahlspruch des urwestfälischen Geschlechtes derer von Berschwordt ist das älteste steinerne Zeugnis des ländlichen Gutshofes „to dyke" (am Teich) aus dem Jahre 1572. Aber von der alten Anlage steht nichts mehr: Irgendwann muß der fest gebaute Landsitz hinter Wassergräben abgebrochen worden sein. Die Gräfte wurde ringsum zugeschüttet; nurmehr zwei Teiche blieben.

Wegen ihrer „stimmungsvoll" barocken Ausstattung gilt die Dyckburgkirche Mariä Himmelfahrt als Hochzeitskirche von Münster.

Münsters Barockbaumeister Johann Conrad Schlaun hinterließ später die architektonisch-gestalterischen Spuren, die bis heute „leben". Er entwarf 1735/40 zwei Ökonomiegebäude nach der Art westfälischer Bauernhäuser. Der neue Besitzer des bis in diese Tage unverändert malerischen Fleckchens vor den Toren der Stadt, Dompropst Friedrich Christian von Plettenberg-Marlhülsen, hatte sie in Auftrag gegeben. Nur einen Steinwurf entfernt führte Schlaun, diesmal auch auf Bitte und Geheiß von Friedrich Christians Bruder Johann Mauritius, eine kleine schlichte Hofkapelle aus – gleichzusetzen mit dem heutigen Eingangstrakt der Dyckburgkirche. Und da die Kapelle ganz an das Marienheiligtum im oberitalienischen Wallfahrtsort Loreto (daher „Lauretanische Litanei") angelehnt worden war, hieß sie bald folgerichtig Loretokapelle.

Wenn man vor der schönen italienischen Fassade steht, der lediglich das Giebelglöckchen fehlt, fällt der Blick sofort auf zwei kunstvoll in Sandstein gehauene lateinische Distichen, die als Chronogramm die Zahl 1740 ergeben, das Jahr der Vollendung der Kapelle. Die Plettenberg-Gebrüder, beide geistliche Domherren zu Münster, Paderborn und Osnabrück, werden als Erbauer genannt: „Der Hohen Frau von Loreto zum Ruhm erhebt sich allhier das Heiligtum. Siehst Du von ferne des Kirchleins Dach, sprich fromm den Gruß des Engels nach! Brüder fanden sich einig zum Werk und geizten nicht Geldes, Heilige Jungfrau, Dir Wohnung zu richten und Thron."

Seit rund 260 Jahren also wird auf der Dyckburg die heilige Messe gelesen – auch wenn die Besitzer des Landsitzes wechselten. Der letzte private Besitzer war Graf Bonifaz von Hatzfeld-Trachenberg, der das Anwesen 1884 erwarb. AltDyckburger wußten noch vor einigen Jahrzehnten von ihm zu berichten, daß der Adelige es liebte, in den Maiandachten, zu denen jeweils zahlreiche Münsteraner zu Fuß oder per Kutsche herauskamen, die Trompete zu blasen.

Graf Hatzfeld erweiterte die kleine Kapelle 1894 beträchtlich durch einen oktogonalen Bau und eine Grabkapelle für seine Familie (1914). 1921 – noch zu Lebzeiten – schenkte er die Kirche der mittelalterlichen Stiftskirche St. Mauritz: Die Dyckburgkirche Mariä Himmelfahrt, die ihr Patronatsfest am 15. August feiert, dem Gedenktag der leiblichen Aufnahme Mariens in den Himmel (Dogma Pius XII. 1950), wurde ordentliche „Filialkirche" von St. Mauritz. Erst im Jahre 1949 verfügte Bischof Keller die seelsorglich gebotene Abtrennung

von der Mutterpfarre und erhob das Rektorat Dyckburg zur selbständigen Pfarre – gemeinsam übrigens mit St. Konrad an der Mondstraße und St. Josef in Gelmer.

Ihr heutiges „Gesicht" im Kircheninnern erhielt das barock-neubarocke Gotteshaus 1978/79. Nach einigen substanzerhaltenden Maßnahmen wurde die noch von Rincklake stammende Ausmalung freigelegt und – leicht verändert – restauriert. Als auch Chorgestühl und Altarraum unter reicher Verwendung von Blattgolddekor wiederhergestellt waren, fühlten sich viele Besucher an bayerischen Barock à la Ettal erinnert. Die künstlerische Feinarbeit, die der kleinen Gemeinde (1500 Katholiken) viele Opfer abverlangte, hatte sich ausgezahlt und eine Kirche wiedererstehen lassen, die –

zumal in der landschaftlich freien Lage – in Münster ihresgleichen sucht.

Es verwundert deshalb nicht und ringt Pfarrer Hermann Klaverkamp bestenfalls ein Schmunzeln ab, daß die Dyckburgkirche schlechthin die Hochzeitskapelle Münsters ist: „Über 150 Trauungen im Jahr sind keine Seltenheit." Wobei anzumerken ist, daß nicht einmal ein Zehntel der Ehewilligen aus der Dyckburg-Pfarre stammt (Mariendorf, Sudmühle, Gewerbegebiet Kleimannbrücke). „Es gibt Frühlings- und Sommermonate, in denen täglich „grüne Paare", vertrauend auf Gottes Segen und Hilfe, sich das Jawort geben und „goldene und silberne Paare dankend zu ihrer Hochzeitskirche zurückkehren" (Klaverkamp).

St. Marien

Loddenweg, Hiltrup

(Lageplan Nr. 29)

Wie viele Marienkirchen gibt es unter den weit über 40 katholischen Gotteshäusern Münsters? „Aus der Pistole geschossen" auf diese Frage die richtige Antwort zu geben, ist sicher gar nicht so einfach: Es sind fünf an der Zahl. Die zugleich drittälteste und drittjüngste Kirche mit dem Patrozinium der Gottesmutter ist St. Marien in Hiltrup. Vor einem guten Vierteljahrhundert, am 8./9. Dezember 1956, wurde das neue Gotteshaus in Hiltrup-Ost von Weihbischof Heinrich Baaken benediziert. Älter als diese Marienkirche sind im heutigen Münster nur die mittelalterliche Überwasserkirche („Liebfrauen") und die spätbarocke Dyckburgkirche („Mariä Himmelfahrt") – jünger die katholische Klinikenkirche „Maria – Heil der Kranken" (1958) und St. Marien in Sprakel (1977).

Es war an einem Tag im Advent des Jahres 1951, als Dr. Michael Keller, der erste münsterische Nachkriegsbischof, sich vom Domplatz aus nach Hiltrup aufmachte. Der Pfarrer von St. Clemens, Otto Reddemann, legte dem Oberhirten eingehend dar, wie nötig die Gründung einer Tochtergemeinde im Osten von Hiltrup sei. Immer stärker nämlich hatte sich hier, jenseits von Dortmund-Ems-Kanal und Bahnlinie, ein neuer Siedlungsschwerpunkt herausgebildet. „Für die Neu-Hiltruper betrug der Kirchweg damals nicht selten 30 Minuten, und das bei jedem Wind und Wetter", kann sich der langjährige Pastor von St. Marien (bis 1982) und damalige Kaplan von St. Clemens, Bernhard Ensink, noch gut erinnern.

Ensink, der schon 1946 nach Hiltrup kam, war es dann auch, der im Herbst 1952 vom Generalvikariat den Auftrag bekam, den Kirchenneubau im sich abzeichnenden neuen Seelsorgeschwerpunkt Hiltrup-Ost in den Stiel zu stoßen. Im April 1952 hatte die bischöfliche Behörde bereits grünes Licht für den Ankauf eines vier Morgen großen Grundstücks an der Ecke Loddenweg/Wolbecker Straße (heute Osttor) gegeben. Es waren geradezu „paradiesische" Preise, die die Mutterpfarre zu berappen hatte: 1,45 Mark kostete ein Quadratmeter. Im Februar 1953 wurde der Kaufvertrag unterzeichnet.

Das Jahr 1954 stand im Gedenken an das Konzil von Ephesus ganz im Zeichen marianischer Verehrung. So war es kein Wunder, daß sich der Kirchenvorstand darauf verständigte, das neue Gotteshaus unter den Schutz der Mutter Gottes zu stellen. „St. Marien sub titulo Immaculata Consepta" sollte das Patronat lauten: die heilige Maria als „Unbefleckte Empfängnis". Nach einem Architektenwettbewerb mit Beteiligung aus Münster, Coesfeld, Köln und Essen erhielt der Coesfelder Hein A. Schäfer schließlich den Zuschlag.

Bevor Pfarrer Reddemann am 5. Mai 1955 den ersten Spatenstich tun konnte, hatten in den Monaten zuvor freiwillige Helfer mit ihren Äxten noch erst eine große Lichtung in das von zahlreichen Fichten bestandene Waldgrundstück schlagen müssen. Unter den Klängen von „Ein Haus voll Glorie schauet" wurde am 5. Mai ein mächtiges Kreuz aufgerichtet, wo sich später die Kirche erheben sollte. Es war ein bewegender Augenblick, wie sich noch viele Hiltruper erinnern können. „Heute liegt der Platz, auf dem die Feierstunde stattfand, noch an der Peripherie des bebauten Hiltrup, bald aber wird auch dieser Platz, auf dem in nächster Zeit die neue Kirche entsteht, Mittelpunkt sein", schrieb die Presse.

Zwei Momente trugen ganz wesentlich mit dazu bei, daß dieser Kirchbau in der Folgezeit so zügig verwirklicht werden konnte: einmal die nie versiegende Bereitschaft der Bevölkerung und der heimischen Wirtschaft, mit kleineren und großen Beträgen zum Gelingen dieser Kirchgründung beizutragen (allein 1953 rund 100 000 Mark), zum anderen die uneingeschränkte Bereitwilligkeit der Bürger, mit Hand anzulegen – und sei es mit Spaten und Schippe bei den notwendigen Erdarbeiten. Ende Juli 1955 war die Grundsteinlegung, am 30. November das Richtfest und schließlich am zweiten Dezembersonntag 1956 die feierliche Weihe.

St. Marien war in einer Zeitspanne fertig geworden, die kaum jemand für möglich gehalten hatte. Was machte es schon, daß aus dem Glockenstuhl des 32 Meter hohen Kirchturmes (damals noch eine vierseitig offene „Laterne", heute größtenteils verschlossen) noch keine Bronzeglocke festlich Laut gab? Daß die Kirche am Tag ihrer Weihe ganze fünf Bänke aufzuweisen hatte, von der Mutterpfarre ausgeborgt dazu? Daß vor der Weihehandlung noch fix die wichtigsten Zuwegungen inmitten des matschigen Terrains befestigt werden mußten, damit Seine Exzellenz, der Weihbischof, trockenen Fußes die Kirche erreichen konnte?

Im marmornen Altartisch mauerte Bischof Baaken Reliquien der frühchristlichen römischen Märtyrer Prudentia und Innocentia ein. Dann feierte er zum erstenmal in der Kirche das Meßopfer. Der damalige „Baukaplan" Ensink: „Allen, die an der Feier teilnehmen konnten, wird sie unvergessen bleiben."

Mit Wirkung vom 1. April 1958 wurde das Rektorat St. Marien zur selbständigen Pfarre erhoben. In den vergangenen 25 Jahren sei hier eine lebendige Gemeinde gewachsen, die „dem kommenden Christus mit Freuden entgegeneilt und Sie untereinander Brüder und Schwestern sein läßt", schrieb Bischof Dr. Reinhard Lettmann in einem Grußwort zum 25jährigen Jubiläum der Pfarre. Sie zählt jetzt 5000 Katholiken. Nachfolger von Pfarrer Bernhard Ensink ist seit Januar 1982 Gisbert Schneidewind.

St. Marien

Marienstraße, Sprakel   (Lageplan Nr. 30)

Sie ist die jüngste an Jahren unter den neuerbauten katholischen Pfarrkirchen Münsters – die Marienkirche im Stadtteil Sprakel. 1976/77 wurde das architektonisch unverändert faszinierende Gotteshaus „zu Ehren der Rosenkranzkönigin in Frömmigkeit errichtet", wie auf dem Grundstein in einem lateinischen Chronogramm zu lesen ist. „Mögen Sie", so

Das über dem Zelebrationsaltar hängende Kreuz in quadratischer Grundform ist eine Arbeit des Mülheimer Künstlers Ernst Rasche.

schrieb Bischof Heinrich Tenhumberg der Pfarrgemeinde in einem Grußwort zur Konsekration der Kirche am 14. Mai 1977, „in einer Zeit, die weithin von der Erfahrung der Hoffnungs- und Sinnlosigkeit geprägt ist, auf die Fürsprache Mariens Menschen voller Hoffnung sein und immer wieder neu Ihre Gemeinde als Ihr geistliches Zuhause erleben..."

Die Alt-Sprakeler dürfen sich mit Recht als Ur-Münsteraner fühlen. Noch um die Jahrhundertwende, als es in dieser Bauerschaft noch keine Kirche gab, wurden die Kinder der Gemeinde in Überwasser getauft. Zu den Zeiten des Bistumsgründers Liudger gehörte die hier ansässige Landbevölkerung sogar noch zur Dompfarre – ab 1040 dann zu Liebfrauen-Überwasser, und das mehr als 800 Jahre lang. 1904 wurde die Bauerschaft Sprakel vom Sprengel Überwasser abgepfarrt und der Gimbter Pfarre angegliedert.

Erstaunlicherweise entsprang es einer privaten Initiative, daß es im Jahre 1929 in Sprakel zur Gründung eines Kirchbauvereins kam. Im Frühjahr 1934 wurde auf einem von der Familie Hanses-Ketteler gestifteten Grundstück der erste Spatenstich für ein Gotteshaus auf Sprakeler Grund getan. Am Domplatz in Münster sah man solcherlei rührige Aktivitäten durchaus mit Wohlwollen. Doch auch nach Einweihung der Kirche im Oktober 1934 wurde noch kein eigener „diözesaner" Seelsorger abgestellt, vielmehr übernahmen es auch weiterhin Patres des Kapuzinerordens aus Münster, die Messe zu feiern, wie sie es schon seit 1929 regelmäßig in einem Klassenraum der damaligen Schule getan hatten. Erst 1937, als die Bauerschaften Sprakel, Sandrup und Coerde eine gemeinsame Rektoratsgemeinde bilden, erhielt sie auch einen eigenen Seelsorger. Weitere zwölf Jahre später (1949) erhob der Bischof die Rektoratskirche St. Marien zur Pfarrkirche.

Diese alte, schlichte backsteinerne Kirche ist nicht mehr. Der inzwischen stark angewachsenen Sprakeler Gemeinde nicht mehr angemessen, mußte die als Bauerschaftskapelle gedachte Kirche vor einigen Jahren einem in gleicher Weise zweckdienlichen wie formschönen Neubau weichen. Ende 1975 verabschiedete der Kirchenvorstand das Bauprojekt, das – aus heutiger Sicht – „nur" eine knappe Million kosten sollte, die Inneneinrichtung eingeschlossen. Im April 1976 erfolgte die Grundsteinlegung, und schon am 14. Mai des folgenden Jahres konnte Weihbischof Wilhelm Wöste St. Marien einweihen; die Pfarre gehört heute zum Dekanat Überwasser.

Eigenwillig in Form und Maß, aber sehr wohlgefällig für das Auge, präsentiert sich der Kirchbau dem Betrachter, der sich von der alleeartigen Marienstraße dem Gotteshaus nähert. Das Gotteshaus steht auf einem Grundriß, der die Form eines achtzackigen Sterns aufweist. Mit ihrem pyramidenförmigen Dach, der Form eines Zeltes nicht unähnlich, ist die Kirche ganz „gebautes Zeichen für die auf dem Weg zu Gott versammelte Gemeinde", wie die Architekten Ostermann/Droste schrieben.

Auch das Baumaterial, weiß-gelber Handstrichziegel und dunkle Dachschindeln, nimmt mit dem benachbarten Marienheim und dem Kirchplatz (auf dem einst „Alt-St. Marien" stand) eine optische Beziehung auf. Aus der alten Pfarrkirche in die neue „hinübergerettet" wurden u. a. mehrere sehr schöne figürliche Buntglasfenster. Der Altar, um den sich im Halbkreis die Bänke gruppieren, ist ein felsenähnlicher Kubus und unterstreicht so den Opfercharakter der Eucharistie. Eine Besonderheit: der quellengleich sprudelnde Taufbrunnen.

„Der Glaube lebt nicht zuletzt auch von Symbolen", pflegt Pfarrer Heinrich Kapusta daraufhin zu sagen. Er wünscht sich, daß das Sprudeln auch Symbol sein möge für die Lebendigkeit seiner Gemeinde (2600 Katholiken), die er als „sehr aufgeschlossen und hilfsbereit" schildert. Eine Einsatz-freude, die auch „nach draußen" zielt. So wurden einmal bei einem Pfarrfest 11 000 Mark für die Missionsarbeit auf den Philippinen gespendet. Der Sprakeler Pastor: „Wir dürfen nicht nur uns selbst sehen . . ."

St. Martini

Neubrückenstraße

(Lageplan Nr. 31)

In jeder Hinsicht eine ungewöhnliche Altstadtkirche – die dem heiligen Martin von Tours geweihte Kirche an der Neubrückenstraße: eine romanische Basilika, später in eine gotische Hallenkirche umgebaut; jahrhundertelang Stiftskirche eines 17köpfigen Kanonikerkapitels; mehrfach wurde das Gotteshaus beschossen, geplündert oder in Brand gesteckt; einst mit einem der schönsten Geläute des Münsterlandes ausgestattet, mußte die Kirche bis vor kurzem mit zwei winzigen Kriegsglöckchen „leben"; ein Kloster und drei Schwesternhäuser liegen auf dem Territorium von Martini; die Kirche selbst befindet sich in äußerster Randlage der Pfarrei ...

Seit nun 800 Jahren versammelt sich die Martini-Gemeinde in ihrer Kirche zu Gottesdienst und Gebet. Bereits mit einem Blick sind die Untergeschosse des mächtigen Turmes aus Baumberger „hammergerecht bewerktem Bruchstein", wie

Die bekannte Szene der Mantelteilung durch den heiligen Martin: Das Gemälde aus St. Martini ist seit dem Krieg unauffindbar.

Max Geisberg schreibt, als die ältesten Teile der romanischen Kirche des 12. Jahrhunderts auszumachen. Mitte des 14. Jahrhunderts wurde die Basilika in eine dreischiffige gotische Hallenkirche mit Rundsäulen umgebaut.

Bereits im Jahr 1187 war die unweit der alten Domburg gelegene Martinikirche Stiftskirche geworden: Der rechtzeitig zum 800jährigen Pfarrjubiläum restaurierte Kapitelssaal an der Nordseite der Kirche diente über viele Jahrhunderte als Versammlungsraum der Kanoniker des Kollegiatstiftes von St. Martini – mit seinen „Dignitaren" (Würdenträgern), dem Dechanten, Propst, Thesaurar und Scholaster. Das napoleonische Edikt von St. Cloud (1811) leitete das Ende dieser „Ära" ein. Nicht nur das Kapitelskreuz, eine großartige Goldschmiedearbeit aus dem 14. Jahrhundet (heute als Leihgabe im Landesmuseum), sondern auch der „Martinusnapf" von 1597 erinnern an diese Jahre: Das kostbare Gefäß wurde von den Stiftskanonikern über Jahrhunderte hin zum Trinken der „Martinsminne" verwandt ...

Die Wiedertäufer spielten der Kirche übel mit: „Dat gewolfte is ingeschlagen, dat von der kercken nicht mehr steit dan die vehr wende." Die „kap von dem torn" (also die Turmhaube) wurde „af geworpen, und die klocken sint uth dem torne geworpen und entwe geschlagen". Der Turmstumpf diente den Zions-Visionären als Plattform für Kanonenschüsse. Im Siebenjährigen Krieg mußte das Gotteshaus wieder viel einstecken, als das gesamte Martiniviertel beschossen wurde. Der Turm, der noch um 1700 von Lambert von Corfei einen barocken Helm bekommen hatte, ging in Flammen auf. Johann Conrad Schlaun entwarf später eine neue geschweifte Haube, deren elegante Form in einem nicht unsympathischen Gegensatz zum massigen romanisch-gotischen Unterbau des Turmes steht.

Im wesentlichen hat sich die äußere Gestalt von St. Martini – das figurenreiche vierte Stockwerk des Turmes eingeschlossen – bis heute erhalten, auch wenn es 1911 einen weiteren Brand gab und der letzte Krieg dem Gotteshaus die bis dahin schwersten Wunden schlug. Unverändert setzt der Sakralbau in unmittelbarer Nachbarschaft des Stadttheaters einen bedeutsamen städtebaulichen Akzent. Von der inneren, dereinst so reichen Ausstattung der alten Stiftskirche hat die wechselvolle Geschichte nicht mehr sehr viel übriggelassen. Doch ist so manche bereits für immer verloren geglaubte Kostbarkeit später wieder aufgetaucht – erinnert sei nur an das alte „Pestkreuz" von 1340 oder an die Martiniviertel-Madonna. Wohltäter der Gemeinde stifteten 1982 für die Pfarrkirche ein neues Geläut.

5000 Katholiken zählt die Martini-Gemeinde heute. Mehrfache Änderung der Pfarrumgrenzungen (1904/24) hat es so gefügt, daß die alte Pfarrkirche heute in der völlig exzentrischen Lage am äußersten Rand des Gemeindegebietes liegt – was die seelsorgliche Arbeit nicht gerade erleichtert. So

gehören beispielsweise auch Bezirke jenseits des zweiten Tangentenringes (Niedersachsenring) bis hinaus nach Gut Nevinghoff zur Martinipfarre.

Ein weiteres nicht wegzudiskutierendes Problem liegt für Pfarrer Dr. Werner Hülsbusch in der soziologischen Überalterung der Gemeinde, etwas, mit dem sämtliche Innenstadtpfarreien Münsters zu tun haben. Der Pastor, dessen Vorgängern früher einmal drei und dem heute kein einziger Kaplan mehr in der geistlich-pastoralen Arbeit zur Seite steht, wünscht sich, daß seine Pfarre wieder kinderfreundlicher und -reicher wird, zumal „das Martiniviertel städtebaulich lange Zeit stark vernachlässigt worden ist". Auf der anderen Seite: „Es ist viel guter Wille da, auch ein bewundernswertes Engagement vieler Laien, von der tätigen Mithilfe der Franziskaner und der drei Schwesternhäuser ganz zu schweigen ..."

St. Mauritz

Sankt-Mauritz-Freiheit   (Lageplan Nr. 32)

Einst vor den Toren, heute in der Stadt Münster gelegen, ist sie nach Domkirche und Liebfrauen-Überwasser das drittälteste Gotteshaus Münsters, mehr noch – das älteste erhaltene kirchliche Baudenkmal, der älteste erhaltene Sakralbau der Stadt überhaupt: die mittelalterliche Stifts- und Kollegi-

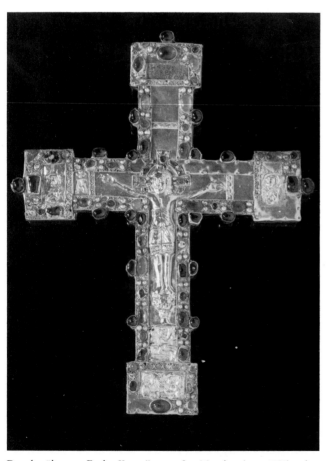

Das berühmte „Erpho-Kreuz" von St. Mauritz (um 1090), eine bedeutende ottonische Goldschmiedearbeit mit getriebenen Reliefs.

atskirche St. Mauritz. Das geflügelte Wort „Wenn die Steine erzählen könnten ..." gewinnt angesichts der Geschichte dieser über 900 Jahre alten Kirche besondere Bedeutung: Auch wenn die St. Mauritzer (die Pfarrgründung erfolgte „erst" 1845) im Jahre 1970 die 900-Jahr-Feier festlich begangen haben, so kann doch niemand die Hand dafür ins Feuer legen, ob die Gründung von Stift und Kirche nicht doch statt 1070 um 1080 erfolgt ist, wie jüngere Forschungen nahelegen.

Es kam einer Sensation gleich, als im Februar 1970 im Zuge der Totalrenovierung der Mauritzkirche archäologische Grabungen das Grabmal des Gründerbischofs im Mittelgang der romanischen Stiftskirche zutage förderten – des Bischofs Friedrich von Meißen aus dem Hause Wettin, der seit 1064 die Diözese des Heiligen Liudger geleitet und 1084 in der Mauritzkirche zur letzten Ruhe gebettet worden war. „Fritheicus eps" (episcopus) stand als gemeißelte Inschrift in einer Rundung des zentnerschweren Sandsteinsarkophages zu lesen. Sie führt mitten hinein in die Gründungszeit des Gotteshauses, in die stürmische Epoche des Investiturstreites zwischen Kaiser Heinrich IV. und Papst Gregor VII. (Stichwort: „Canossa"). Bischof Friedrich, der Kanzler Heinrichs war, hielt sich im Streit um die Investitur (Einsetzung) der deutschen Könige zurück.

Als zweiter Kirchengründer gilt nach der Überlieferung Bischof Erpho (1085/97), der unmittelbarer Nachfolger Friedrichs war. Sein Grabmal befindet sich in der sogenannten „Erpho-Kapelle". Auf immer ist dieser kleine Raum ganz im Westteil der Kirche mit der Erinnerung an jene Märztage des Jahres 1946 verbunden, als der erst kurz zuvor zum Kardinal erhobene Bekennerbischof Clemens August Graf von Galen nach seinem plötzlichen Tod hier aufgebahrt wurde. Der Dom war zerstört, St. Mauritz dagegen kaum. Tausende nahmen damals bewegt Abschied.

Der mächtige Westturm, der 1709 mit einer barocken Haube bekrönt worden ist, und die beiden schlanken Osttürme, die den vor 1471 angebauten spätgotischen Chor flankieren, bilden den ältesten Teil der stattlichen Kirche und lassen noch etwas vom ursprünglichen Charakter der Anlage aus ottonischer Zeit erkennen.

Innerhalb der „Immunitas Sancti Mauritii" (so steht noch heute an den drei östlichen Pfeilern zur Sankt-Mauritz-Freiheit hin zu lesen) übte damals ein Kollegiatkapitel aus acht bis zwölf Kanonikern seine liturgische, seelsorgliche und lehrende Tätigkeit aus. Das Stift war mit mehr als 20 „Meiergütern" (Grundherrschaften) ausgestattet. Erst 1811 wurde es durch die Säkularisation aufgehoben. Von den Wohnungen der Kanoniker sind die Dechanei und Propstei im Kern noch erhalten; eine von ehemals acht Kurien ist das heutige Pfarrhaus – 1758 von Schlaun erbaut, wie eine Rokoko-Kartusche oberhalb des Eingangs ausweist.

Ihr derzeitiges Aussehen erhielt das unter den Wiedertäufern schwerstens zerstörte Gotteshaus (Geisberg: Sie machten die Kirche „zur Ruine") in den Jahren 1859/61, als das ursprünglich einschiffige Langhaus in eine fünfjochige Basilika mit drei Schiffen umgebaut wurde. Bei der Würdigung von Inventar und Kirchenschatz verdienen das Altargemälde (1664), die Tafelgemälde von Hermann tom Ring, ein Bischopink-Epitaph, die Orgel von 1882 sowie das berühmte „Erphokreuz" aus der Gründerzeit und eine Statuette des Kirchenpatrons St. Mauritius (1340) besondere Erwähnung.

Rund 6800 Katholiken wohnen heute in der Pfarrei St. Mauritz (Pfarrer Karl-Gerd Haggeney), die von Maikottenweg und Zumsandestraße, dann von Erphostraße und Stern- bzw. Manfred-von-Richthofen-Straße umgrenzt wird. Als sie 1970 das 900jährige Jubiläum feierte, schrieb der Pfarrer in einem Vorwort des Festbuches: Die alte Stiftskirche sei „eines der ehrwürdigsten Gebäude dieser Stadt – ehrwürdig als Baudenkmal, ehrwürdig vor allem durch den Vollzug des Gottesdienstes über Jahrhunderte hin". Diese „Ehre und Würde" gelte es in aller Zukunft zu wahren.

67

St. Michael

Von-Esmarch-Straße, Gievenbeck (Lageplan Nr. 33)

Alteingesessene Gievenbecker werden sich noch gut erinnern: Es war am 23. Februar des Jahres 1936, einem Sonntag, als Bischof Clemens August Graf von Galen das erste Gotteshaus auf Gievenbecker Boden einweihte – Vorgängerbau der heutigen modernen St.-Michael-Kirche. Der schon damals hochverehrte Oberhirte des Bistums Münster wurde vom Coesfelder Kreuz aus in einem Vierspänner, begleitet von zahllosen Reitern und Radfahrern, „in einem wahren Triumphzug" zur Ortsmitte geleitet, wie die Chronik vermerkt. Über den Ablauf der Weihehandlung und Pontifikalmesse

heißt es weiter: „Ergriffen lauschten die Gläubigen den aufrüttelnden Worten des Bischofs, der damals schon ob seines Freimutes arg bedrängt wurde".

Tatsächlich nutzte Bischof Clemens August die Tatsache, daß das Gievenbecker Holzkirchlein dem Erzengel Michael geweiht wurde, zu einigen deutlichen Anmerkungen. Worte, die die Christen im Angesicht einer vom Hitler-Staat unverhüllt zur Schau gestellten Kirchenfeindlichkeit stärken sollten: „Gerade jetzt, wo unser heiliger Glaube auch in deutschen Landen angefeindet, verleumdet und geschmäht wird,

wo man immer wieder lesen und hören kann, der christliche Glaube sei undeutsch und artfremd, wollt Ihr durch den Kirchbau Zeugnis ablegen von Eurem Glauben ... Haltet fest an diesem Glauben, den Ihr von Euren Vorfahren ererbt habt."

Mehr als 900 Jahre gehörten diese Vorfahren in der kleinen Bauerschaft Gievenbeck zu Liebfrauen-Überwasser, der ersten Pfarre, die Mitte des 11. Jahrhunderts von der Dompfarre abgetrennt wurde. Für etwa diese Zeit (1040/90) ist auch belegt, daß das Kloster Überwasser in „Givenbeke" Besitz hatte. Bis weit in das 20. Jahrhundert hinein mußten die Pfarrkinder der Bauerschaft, die bis 1903 zum Amtsbezirk Mauritz gehörte, allsonntäglich einen Weg von einer Stunde Fußmarsch zurücklegen – am alten Coesfelder Kreuz vorbei, wo der Überlieferung nach der Bistumsgründer Liudger eine letzte Rast eingelegt haben soll, wenn er sich auf dem beschwerlichen Weg von Coesfeld nach Münster befand.

Obwohl schon 1880 erste Pläne bestanden, in Gievenbeck eine Kapelle zu bauen, ermöglichte erst die rasche Besiedlung in den zwanziger Jahren die Errichtung einer eigenen Kirche. „Opferfreudige Grundbesitzer" – so die Chronik – schenkten den Grund und Boden für den Kirchplatz. Und weiter: „Es war eine Freude zu erleben, wie jeder Gievenbecker auf seine Weise durch Hand- und Spanndienste den Bau förderte." Am 23. Februar 1936 konnte dann das schlichte hölzerne Kirchlein am Rüschhausweg geweiht werden. Erster Seelsorger der Rektoratsgemeinde war Kaplan Josef Wieling von Überwasser.

Erst mit Urkunde vom 24. Dezember 1948 erhob Bischof Dr. Michael Keller das Rektorat durch Abtrennung von der Mutterpfarre zur selbständigen Pfarre. Daß „Alt-St.-Michael" im Oktober 1970 nach der Fertigstellung von „Neu-St.-

Michael" abgerissen wurde, bedauert noch heute mancher Gievenbecker, galt die Kirche doch im besten Sinne als „gemütlich" ...

Die heutige große Pfarrkirche, wie die zwei Jahre später fertiggestellte St.-Anna-Kirche in Mecklenbeck, nach Plänen von Prof. Harald Deilmann gestaltet, ist das weithin sichtbare Wahrzeichen des Ortsteils Gievenbeck. Seine unverändert faszinierende Gestalt bezieht das Gotteshaus daher, daß der hohe Innenraum zeltartig über einem quadratischen Grundriß aufsteigt. Der Sakralbau, kühn in seiner Konstruktion, besitzt ein vielfach gebrochenes Dach und einen gestuften Turm. Auch das Innere der Kirche wirkt zeltartig. Die roten Klinkerwände sind reliefartig aufgebrochen, was einen gewünscht sparsamen Umgang mit künstlerischem Schmuck bedingt.

Als Bischof Heinrich Tenhumberg am 21. März 1970 St. Michael nach rund zweijähriger Bauzeit einweihen konnte, nahm er die Bauidee des Architekten wieder auf, indem er die Kirche als „sichtbares Zelt Gottes unter den Menschen" definierte.

4600 Katholiken gehören heute zur Pfarrgemeinde (die 2000 Studenten mit zweitem Wohnsitz nicht eingerechnet). Pfarrer Michael Scharf, Dechant des Dekanates Liebfrauen, gesteht gerne ein, daß man „am Stadtrand von Münster sicher besser dran" ist als in den Innenstadtpfarreien, wo eine gewisse „Bevölkerungsentleerung" unübersehbar Probleme aufwirft. In einer insgesamt jungen Gemeinde mit vielen jungen Familien lassen sich vielerlei Aktivitäten aufbauen, die dann ihrerseits zu einer „hohen Identifikation mit der Pfarrgemeinde" führen. Über dieses Engagement, das auf den Schultern vieler ruht (etwa bei der Sakramentenkatechese), stimmt Pastor Scharf „wirklich froh".

St. Nikolaus

Herrenstraße, Wolbeck   (Lageplan Nr. 34)

6. Dezember: St.-Nikolaus-Tag. Bei vielen Münsteranern mag dieses Datum – genau zweieinhalb Wochen vor Weihnachten – in hohem Kurs stehen. Für die Wolbecker aber gilt das in ganz besonderem Maße. Ist doch an diesem 6. Dezember auch das Patronatsfest der über 700 Jahre alten katholischen Pfarrkirche St. Nikolaus zu feiern.

Der heilige Nikolaus, der am 6. 12. der Jahre 327, 345 oder 352 gestorben sein soll und um den sich viele Legenden ranken, war Bischof von Myra, einer altgriechischen Stadt in Lykien (Kleinasien). Er gilt als der große Bürgerpatron des Mittelalters, als Schutzheiliger der Bäcker, Tuchmacher, Kaufleute, Weinhändler, Brauer, Faßbinder, Fischer, Reisenden und Seefahrer – auch als beschützender Patron der Kinder und der Jugend. In Münster und im Münsterland wird St. Nikolaus schon seit den Tagen des Bistumsgründers Ludgerus verehrt.

Um das Jahr 1245 müssen Pfarre und Kirche von Wolbeck als bischöfliche Gründung entstanden sein. Der romanische

Unterbau des massigen Turmes von St. Nikolaus, sandsteinernes Bruchmauerwerk, stammt noch aus dieser Zeit. Der Name „Walbekke" (Wolbeck) tauchte schon 1185 erstmals urkundlich auf und geht auf einen Wasserlauf an diesem Flecken südöstlich des „Monasteriums" zurück. Bischof Ludolf von Holte war es, 26. Nachfolger auf dem Bischofsstuhl des Liudger, der zu Beginn des 13. Jahrhunderts die inmitten einer Waldwildnis an der Walbecke ansässige Sippe der Meinhövel in die Knie zwang. Sie hatte sich der Raubzüge und Plünderungen schuldig gemacht. Aus ihren Besitzungen und befestigten Anwesen, die Ludolf schleifen ließ, entstand später das fürstbischöfliche Amt Wolbeck, die größte Provinz des Hochstiftes Münster.

An der Stelle der Meinhövel-Burg ließ der Bischof eine feste Landesburg errichten. Ludolf von Holte ist als Gründer des Wigbolds und der Pfarre Wolbeck anzusehen. Ein eng umgrenztes Kirchspiel: Bis in die heutigen Tage hat sich erhalten, daß mancher Alt-Wolbecker, der nicht einmal einen

Der barocke Hochaltar von St. Nikolaus mit prächtigem Gebälk und Figurenaufsatz wird Johann Conrad Schlaun zugeschrieben.

Ein geschichtsträchtiges Gotteshaus – die Nikolaus-Kirche von Wolbeck. Das hohe Satteldach, die schlanken Fenster und die straffen Formen der Einwölbung weisen die gotische Hallenkirche, die u. a. eine Vorgängerin aus Holz gekannt haben dürfte, in die Mitte des 14. Jahrhundertes. Der wuchtige Turm, den ein barocker Helm ziert, ist im 17. Jahrhundert in Backstein aufgestockt worden.

Daß im Innern der Kirche die Raumproportionen als nicht recht „stimmig" empfunden werden können (die Säulen wirken kurz, die Halle ist niedrig geraten), hat wahrscheinlich folgenden Grund: Da die nahegelegene Angel das Gotteshaus früher besonders im Frühjahr mehrfach unter Wasser setzte, entschlossen sich die Vorfahren in Wolbeck, das gesamte Höhenniveau innen und außen um anderthalb Meter anzuheben. An den Säulensockeln und manchem „zu niedrigen" Türsturz ist dies gut zu sehen.

Der heutige Kirchenraum wurde unter Einbeziehung der vielfach wertvollen historischen Ausstattung vor Jahren liturgisch neu geordnet.

Auf dem nachträglich erhöhten Chor fällt sogleich der prächtige barocke Hochaltar ins Auge, der nach Plänen des Baumeisters Johann Conrad Schlaun gefertigt wurde. Als Grabmonument des Grafen Goswin von Merveldt († 1727), Großprior des Malteser Ordens, hat der auf schlanken Säulen und krönendem Gebälk gründende Aufbau hier einen optisch gut gewählten Standort gefunden. Die in die beiden Chorseiten eingelassenen Epitaphien aus Sandstein zeigen Mitglieder der Familie von Merveldt, u. a. den Drosten Dirk von Merveldt, den 1564 gestorbenen Erbauer des Drostenhofes.

Gut 5000 Katholiken zählen heute zur Pfarre St. Nikolaus. Als das wesentlichste grundsätzliche Ziel pastoraler Arbeit sieht es Pfarrer Albert Schürmann an, den alteingessesenen Einwohnerkern von Wolbeck mit den Neubürgern zu verbinden – daraus „eine wirkliche Gemeinde zusammenzuschweißen". Die Ansätze dazu und guter Wille sind vorhanden. Hinzu kommt das Schulzentrum, das (zusammen mit der Grundschule) Wolbeck „zwischen 8 und 13 Uhr fast zur Hälfte aus Schülern" bestehen läßt. „Das schwappt natürlich in die Gemeinde hinein..."

Kilometer von der Pfarrkirche entfernt zu wohnen braucht, im besten Platt sagt: „We gaoht in't Duorp". Der ursprüngliche Pfarrsprengel von Wolbeck ist zusammengefügt worden aus Teilen der „Urpfarren" St. Clemens in Telge und St. Ludgerus in Albersloh.

St. Norbert

Schneidemühler Straße, Coerde (Lageplan Nr. 35)

Wohl nur wenige Münsteraner wissen, daß die Geschichte der Christen von Coerde ein mehr als 60faches Alter gegenüber der erst gut 15 Jahre jungen heutigen Pfarrkirche St. Norbert aufweist. Zu Beginn des 11. Jahrhunderts schon findet sich der Name „Curithi" (Coerde), der durch die Jahrhunderte immer wieder neue Lesarten erfahren hat (von „Coredhe" über „Corde" bis „Körde"), in einer Urkunde von Bischof Sigfrid von Münster, dem 13. Nachfolger auf dem Bischofsstuhl des heiligen Liudger.

Nach der Überlieferung ist es Gräfin Reinmod gewesen, eine „edle Matrone", die auf Haus Coerde, einem schon früh im Besitz des Grafen von Cappenberg befindlichen Amts- und Gutshof, eine Kapelle errichten ließ. Auch das erste

Kirchlein an den Ufern der Werse in „Honthorpe" (Handorf) geht – fast um dieselbe Zeit gestiftet – auf sie zurück. Die Errichtung neuer Gotteshäuser sei „äußerst notwendig", so ist in der Stiftsurkunde zu lesen, um „die Kranken zu besuchen, die Toten zu begraben und all das zu vollbringen, was sich auf den Dienst an Gott und das Heil des gläubigen Volkes bezieht, des lebenden sowohl als auch des verstorbenen ...."

In die Außenmauer der heutigen Pfarrkirche wurde 1966, als Bischof Dr. Joseph Höffner zur Kirchweih in Coerde weilte, das Stück eines Sandsteinreliefs aus dem mittelalterlichen Xantener Dom eingemauert. „Sankt Norbert zu Ehren als Grundstein" steht unter ihm zu lesen. Der heilige Norbert

von Xanten, der Priester und Mönch, dann Wanderprediger und später Bischof von Magdeburg war, gründete Anfang des 12. Jahrhunderts im französischen Prémontré den Orden der Prämonstratenser. Gottfried von Cappenberg, ein Anhänger und großer Verehrer Norberts, machte ihm 1122 die Burg Cappenberg zum Geschenk. Hier entstand das erste Prämonstratenserstift auf deutschem Boden.

Schon kurz darauf vermachte Gottfried von Cappenberg den Stiftsherren auch seine Besitzung Haus Coerde. Der junge Orden unter seinem Gründer Norbert übernahm dort die Kapelle, um sie fortan als Pfarrstelle zu verwalten. Rund 800 Jahre lang hat diese gottesdienstliche Stätte bestanden und selbst die Säkularisierung des Stiftes Cappenberg zu Beginn des 19. Jahrhunderts zunächst überdauert. Nahezu ohne Unterbrechung betreuten Prämonstratensermönche das Coerder Stift durch die Jahrhunderte. Nur der kleine Turmhahn, der auf dem Giebel eines Wirtschaftsgebäudes auf Haus Coerde – seit 1937 städtischer Pachthof – aufmontiert wurde, erinnert heute noch an die Kapelle, die fast 800 Jahre gestanden hat. Der Hahn ist völlig durchlöchert: Invasionstruppen benutzten ihn 1945 als Zielscheibe ...

Mit dem Abriß des Kirchleins wurde der Coerder Pfarrbezirk mit St. Mauritz vereinigt. Die katholischen Bürger von Coerde pflegten des Sonntags bis weit in die Mitte dieses Jahrhunderts nach St. Josef in Kinderhaus zu fahren, um hier am Gottesdienst teilzunehmen. Erst die Besiedlung in den sechziger Jahren ließ eine eigene Seelsorgestelle in Coerde in greifbare Nähe rücken. Am 16. April 1961 fand erstmals seit der Säkularisation wieder auf Coerder Boden ein katholischer Gottesdienst statt – in einem Klassenraum der Volksschule.

St. Josef in Kinderhaus war als Mutterpfarre maßgeblich an den Mühen beteiligt, in Coerde ein eigenes Gotteshaus zu bauen. Im Juli 1961 kam es zum Grundstückskauf. Wo heute das Pfarrheim steht, erhob sich bald eine erste Übergangskirche. Bischof Höffner erhob den Seelsorgebezirk 1964 zum Pfarrektorat und im Jahr darauf zur „ordentlichen" Pfarre. Im Bewußtsein der historischen Bedeutung von Haus Coerde und der hier bis 1802 tätigen Prämonstratenser-Stiftsherren fand sich eine breite Mehrheit, Kirche und Gemeinde das Patrozinium des heiligen Norbert von Xanten zu übertragen.

Das Architektenbüro Kösters und Balke (Münster) erhielten den Auftrag für die Norbert-Kirche. Der damalige Generalvikar Laurenz Böggering legte im Mai 1966 den Grundstein, und nach nur 14monatiger Bauzeit wurde der moderne Sakralbau am 1. Advent durch den Diözesanbischof eingeweiht. Buchstäblich mit der letzten Kollekte am Kirchweihtag war die Gemeinde schuldenfrei geworden und die Bausumme von rund einer Million bezahlt.

Rund 5400 katholische Christen gehören heute zur St.-Norbert-Gemeinde, die von Rieselfeldern und Telemannstraße bzw. Aa und Kanal umgrenzt wird. Pfarrer Felix Müller kann noch immer sagen, daß Kinder und Jugendliche das Bild der jungen (und jung gebliebenen) Gemeinde bestimmen: Die Täuflinge der sechziger Jahre seien die jungen Leute der achtziger Jahre. „50 oder 60 Jugendliche bei einer Frühschicht sind bei uns durchaus keine Seltenheit."

St. Pantaleon

Pantaleonstraße, Roxel   (Lageplan Nr. 36)

Dieser 17. April des Jahres 1901 war ganz sicher einer der größten, wenn nicht der größte Tag überhaupt, den Roxel bis heute je gesehen hat: Bischof Hermann Dingelstad weihte die neue Pantaleon-Kirche ein – das dritte katholische Gotteshaus in der über 700jährigen Geschichte dieses dörflichen Gemeinwesens im Westen von Münster. Der sprachliche Wohlklang der Worte, die Hauptlehrer Josef Pieners damals für die Niederschrift der Chronik fand, dokumentiert die schier überbordende Festtagsfreude, die ganz Roxel an diesem Tage ergriffen haben muß:

„Das Dorf bot einen Anblick von unvergeßlicher Pracht dar. Alle Häuser ohne Ausnahme hatten sich reich mit Girlanden, Kränzen, Blumen und Fahnen geschmückt. Auf der Hauptstraße standen mächtige Zierpflanzen – Thujen, Oleander, Orangenbäume – vor den Häusern. Um den Kirchplatz zog sich ein wahrer Wald von mit Tannengrün umwundenen und mit Tannengirlanden verbundenen Flaggenmasten."

Mit einem „Vollgeläute unserer sämtlichen Turmglocken" war das Kommen des Oberhirten eingeleitet worden. Von der Aabrücke aus. Pfarrgrenze zwischen Liebfrauen-Überwasser und St. Pantaleon, wurde Bischof Dingelstad auf einer „einzigen Via triumphalis" zur Ortsmitte geleitet – unter dem Geläut der Glocken und dem Krachen von Böllern. 80(!) Reiter eskortierten den langen Zug, der von mehr als 40 „Engelchen" (Kommunionkindern) angeführt wurde. Allein auf der zum Pfarrhaus führenden Havixbecker Straße hatten die Roxelaner vier mächtige Triumphbögen errichtet, „in prächtiger Ausführung" ornamentiert mit bischöflichen Insignien und Wappen. Die Inschriften lauteten etwa: „Willkommen in seliger Stunde / Als Bischof in unserm Kreis / Wir jubeln aus liebendem Munde / Dir heute nur Wonne und Preis". Man schrieb das Jahr 1901 ...

1600 Katholiken zählte Roxel damals. Die Freude war übergroß, nun nach dem Abriß der alten Kirche (bis auf den mittelalterlichen Turm) wieder ein stattliches Gotteshaus zu haben, im Stil der Neugotik errichtet. In seiner Predigt gab Bischof Dingelstad den vielen Gläubigen, die das feierliche Pontifikalamt zur Kirchweih besuchten, mit auf den Weg, die Kirche nun auch recht häufig zu besuchen, „damit Euch der

73

Heiland, dem Ihr hier ein herrliches Haus gebaut, nach beendigter Zeitlichkeit einführe in Seine ewigen Wohnungen, allwo keine Träne mehr geweint und kein Schmerz mehr empfunden wird, sondern Freude und Wonne herrscht in Ewigkeit".

Anfang dieses Jahrhunderts hatte das Kirchspiel Roxel rund 700 Jahre auf dem „Buckel": Um 1200 (1190?) dürfte die Kirchgründung zu datieren sein. Der Siedlungsraum Roxel selbst (einst „Rukeslare" oder auch „Roikeslere") mit Dorfbauerschaft, Schonebeck, Brock und Altenroxel ist ganz sicher noch weit älter, als es die erste urkundliche Erwähnung im Jahre 1177 anzeigt.

Bevor Roxel Ende des 12. Jahrhunderts ein eigenes Gotteshaus bekam, gehörte das Dörfchen seelsorglich zu St. Ludgerus in Albachten. Als Kirche und selbständige Pfarre, gegründet auf dem bischöflichen „Oberhof" der Herren von Coten, wird St. Pantaleon erstmals 1242 erwähnt. Der Pfarrpatron, Pantaleon, Schutzpatron der Ärzte, lebte übrigens um 300 in Kleinasien und starb unter Kaiser Diokletian den Märtyrertod. An die erste, im romanischen Stil erbaute Kirche von Roxel erinnert bis heute der trutzige, blockhafte Kirchturm. Die später vermauerten Schießscharten und Löcher, aber auch die widerhakenbewehrten dicken Eisenstangen der

Bischof Hermann Dingelstad weihte die neugotische Pantaleonkirche am 17. April des Jahres 1901 feierlich ein.

Der zylinderförmige romanische Taufbrunnen der Roxeler Pfarrkirche gehört zu den ältesten des Münsterlandes.

Fenster beweisen, daß sich hier früher Menschen in einer Art Fliehburg vor Feinden verschanzt haben.

1350 wurde die Kirche durch eine gotische (später barockisierte) Kirche ersetzt. Von 1300 bis 1822 ist Albachten von der „parochia Rokeslere" seelsorglich mitbetreut worden: Genau gegenläufig zur Gründungsgeschichte war St. Pantaleon in Roxel Hauptkirche, St. Ludgerus in Albachten Filialkirche. Im Jahre 1898 wurde die frühgotische Pfarrkirche, in der gut hundert Jahre zuvor die Dichterin Annette von Droste-Hülshoff, die berühmteste „Tochter" Roxels, getauft worden war, abgerissen. Grund: fortschreitende Baufälligkeit.

Der spätere Kölner Dombaumeister Hilger Hertel erarbeitete einen neuen Entwurf: Er habe versucht, die „reiche Formenwelt gotischer Kathedralen in Architektur und Ausstrahlung nach Roxel" zu übertragen, ist auf einer Bronzetafel an der Kirche zu lesen. Nach dem Abbruch des alten Gotteshauses (1898), wurde der neue Sakralbau bis 1901 fertiggestellt. Die Chronik: Die Pfarrkirche „bot einen imponierenden Anblick dar, mit dem majestätisch aufsteigenden Chor, dem mit Kupfer überkleideten, das Meßglöcklein bergenden, schlanken Dachreiter und dem ehrwürdigen, das

ganze Bauwerk hoch überragenden alten romanischen Turm".

Im Zweiten Weltkrieg, namentlich Ostern 1945, erlitt die Roxeler Kirche erhebliche Zerstörungen. Der Pfarrer und Dechant Dr. Heinrich Könemann: „Es war ein Anblick, der uns allen wie ein Stich durchs Herz ging..."

Lebten im Jahre 1720 noch 1300 Katholiken in Roxel, so liegt ihre Zahl heute bei 5200. St. Pantaleon ist durch Zuzüge eine überaus „junge" Gemeinde geworden. 50 Prozent der Gemeindemitglieder seien jünger als 30, berichtet Pfarrer Godehard Schilgen. 1981 gab es 65 Taufen, dagegen nur 25 Beerdigungen.

St.-Paulus-Dom

Domplatz   (Lageplan Nr. 37)

Wenn der Domplatz im milden Schein der Abendsonne „badet" und die gewaltige südliche Schauseite der größten westfälischen Kathedrale – in warmes Gelb getaucht – majestätisch und in imponierender Geschlossenheit daliegt, wird so recht deutlich, wie sich für den mittelalterlichen Menschen ein solches Gotteshaus erschloß: Es war die im Steingewand sichtbare Verehrung Gottes im Bauwerk; Religion und Baukunst, Kult und Kirchenarchitektur gehörten in diesem geschlossenen Weltbild untrennbar zusammen.

Der St.-Paulus-Dom, hier ein Blick von Westen nach Osten, ist die Haupt- und Mutterkirche des Bistums Münster.

Der Sankt-Paulus-Dom, die Haupt- und Mutterkirche des Bistums, so heißt es in einem Stadtführer, sei ein „steingewordener Zeuge westfälischer Schöpferkraft und Frömmigkeit". Tatsächlich reichte nur das eine oder nur das andere zur Erklärung nicht aus, warum in der fast 1200jährigen Domgeschichte Generationen von Menschen allen Widrigkeiten der Zeiten zum Trotz, ob Kriegen oder Katastrophen, immer wieder rastlos daran gearbeitet haben, daß die Bischofskirche von Münster nicht untergegangen ist, vielmehr in würdiger Schönheit – wenn auch in sich wandelnden Formen – bis heute fortbesteht.

Der Friese Liudger (Ludgerus) ist es gewesen, der um 800 den ersten bereits dem Heiligen Paulus geweihten Dom errichtet hat. Dieser „Ur-Dom" auf dem Horsteberg, auf dem Gelände des heutigen Kreuzganges und Domherrenfriedhofs in vergleichsweise bescheidenen Formen gebaut, ist somit die Urzelle der „Ecclesia monasteriensis". Bei den jüngsten Grabungen im Kreuzgang (Frühjahr 1981) haben Archäologen die 16 Meter lange und in ihren Mauerresten noch erhaltene Nordfront des ehemaligen Ludgerusdomes freigelegt.

Dieser „Dom" des Bistumsgründers und ersten Oberhirten Ludgerus – nach heutigen Maßstäben eher ein kapellenartiges, doch immerhin dreischiffiges Kirchlein – hatte bis zum Jahr´1377 Bestand. Bereits der zweite Dom, 980 von Bischof Dodo begonnen und nach Süden hin direkt an seinen Vorgänger anschließend, besaß in etwa die Ausmaße der heutigen Bischofskirche. Bischof Erpho weihte diese für damalige Zeiten monumentale Basilika 1090 ein. Sie hatte ein Holzdach und nach Westen hin nur einen mächtigen Turm. Als hier im Jahre 1121 bei der kraftvollen Erstürmung der Domburg durch Lothar von Sachsen ein verheerendes Feuer ausgebrochen war, erhielt das Gotteshaus im Zentrum des alten „monasterium" daraufhin ein Westwerk mit zwei Türmen.

Daß Stadt und Bistum Münster am 30. September 1965 die 700-Jahr-Feier des Paulus-Domes festlich begangen haben, hat seine Ursache letztlich wiederum in einer Feuersbrunst, die die Kirche um 1197 heimgesucht hat. Fürstbischof Dietrich von Isenburg legte 1225 den Grundstein zum dritten, zum jetzigen Dom. Fürstbischof Gerhard von der Mark gab der nun durchgehend gewölbten Kathedrale am 30. September des Jahres 1265 die kirchliche Weihe.

Wenn der Paulus-Dom heute zwar noch immer die alten Raumideen des 13. Jahrhunderts, die das Gotteshaus im Innern und Äußern geprägt haben, klar zutage treten läßt, sich aber gleichwohl in einem anderen Gewand präsentiert, so hat dies viele Gründe. Nicht unwesentliche Teile des Baukörpers sind in der Folgezeit spätgotisch umgestaltet worden, ohne den romanischen Kernbau allerdings zu „sprengen" – erinnert sei an die Erweiterung des Paradieses, Schauplatz der alten Sendgerichte, und die Gestaltung der Schauseite des Ostquerschiffes mit ihrer beeindruckenden Maßwerkornamentik. Ein weiteres Beispiel: die Erweiterung im Südosten um den von Fürstbischof Christoph Bernhard im 17. Jahrhundert gestifteten Kapellenkranz („Galensche Kapellen").

Die größten Wunden haben dem wegen seiner weiten Gewölbe- und Bogenspannungen berühmten, in der Längs-achse über hundert Meter messenden Dom zwei Katastro-phen im 16. und im 20. Jahrhundert geschlagen: Die Wieder-täufer-Greuel nahmen der Bischofskirche 1534 fast die gesamten beweglichen Kunstgüter, während die eigentliche Bausubstanz nahezu unangetastet blieb. Die Bombenangriffe der Jahre 1943–45 hingegen zestörten das Äußere des gewal-tigen Gesamtkunstwerkes, während die Ausstattung (etwa die Astronomische Uhr oder die Schnitzereien des Kapitel-saales) zum großen Teil rechtzeitig gerettet wurden.

Keine Frage: Der heutige Dom ist nicht mehr die von Max Geisberg – er ist hier 1875 getauft – so glänzend beschriebe-ne, durch Ausmalungen und Glasmalereien dunklere Bischofskirche der Vorkriegszeit. Die Offenheit und „Durch-sichtigkeit" sind erst ein Ergebnis des Wiederaufbaus. Doch ist es in einem einzigartigen Kraftakt, der bis zur Wiederer-öffnung im Oktober 1956 dauerte, gelungen, den Charakter

Die kostbaren geschnitzten Wandverkleidungen des Kapitelsaales im Dom aus der Mitte des 16. Jahrhunderts waren im Krieg ausgebaut.

des Domes zu wahren und ihn gleichzeitig zu erneuern. Nach dem Maß der gelungenen Erneuerung muß man ihn eigentlich als „vierten Dom" bezeichnen. Noch heute darf mit Anerkennung registriert werden, daß damals der Altar auf dem Hochchor in den Mittelpunkt der Vierung, mithin stärker in Volkesnähe, gerückt wurde – längst bevor die Liturgiereform des Zweiten Vatikanums diese Lösung anzeigen konnte.

Münsters erster Nachkriegsbischof, Dr. Michael Keller, hat sich besonders für einen würdigen und zeitgemäßen Wiederaufbau der Kathedralkirche eingesetzt. Im gleichen Atemzug verdienen die Namen von Dompropst Clemens Echelmeyer, Diözesankonservator Dr. Theodor Wieschebrink und Dombaumeister Heinrich Benteler erwähnt zu werden.

Ausdrücklich als integraler Bestandteil des Paulus-Domes selbst muß die neue Domkammer gesehen werden, die 1980/ 81 auf dem Horsteberg entstanden ist und am 11. Oktober 1981 zum 25jährigen Weihejubiläum des wiedererstandenen Domes von Bischof Dr. Reinhard Lettmann benediziert und seiner Bestimmung übergeben wurde. In der Nachfolge der 1930 von Max Geisberg in der heutigen Sakramentskapelle eingerichteten „Domschatzkammer" präsentiert die ganz aus zweckgebundenen Spenden finanzierte Domkammer herausragende Kunst- und Kultgegenstände aus der 1200jährigen Geschichte der Domkirche – darunter den goldenen „Pauluskopf", das vermutlich älteste Kopfreliquiar der abendländischen Kunst.

Genau 89 Münsteraner mit erstem Wohnsitz wohnen heute auf dem Gebiet der Dompfarre, die die alte Domimmunität umfaßt. Domkapitular Dr. Paul Hellbernd: „fast alle Geistliche und Haushälterinnen". Umgekehrt proportional zur Winzigkeit der Dompfarre, zu der auch die Petrikirche zählt, ist dagegen der Strom der Gottesdienstbesucher: Die Bischofskirche wird ihrer Bedeutung, Schönheit und Atmosphäre wegen geschätzt. Es hat schon Tage gegeben, da mehr als 4000 Menschen den Dom (über-)füllten – „dann ist aber auch alles vollgestopft", schmunzelt der frühere Dompfarrer.

Petrikirche

Johannisstraße   (Lageplan Nr. 38)

Unter allen Gotteshäusern Münsters nimmt die fast 400 Jahre alte Petrikirche eine Sonderstellung ein. Zum einen, weil sie von vornherein nicht als Pfarrkirche konzipiert, sondern in den Jahren 1590 bis 1597 als Predigt- und Schulkirche der erst wenige Jahrzehnte zuvor gegründeten Gemeinschaft der Jesuiten, einem „Stoßtrupp der Gegenreformation" (Anton Henze), gebaut wurde. Teile dieser Zweckbestimmung haben sich bis heute erhalten. Zum anderen, weil Neugotik und Renaissance bei der Petrikirche eine bemerkenswerte Symbiose eingegangen sind, wie man sie im 16. Jahrhundert auf westfälischem Boden bis dahin nicht kannte. St. Petri in Münster wurde als besonders ausdrucksstarkes Beispiel „manieristischer" Kirchenbaukunst Vorbild für viele deutsche Jesuitenkirchen des 17. Jahrhunderts.

Heute kann sich der Sakralbau, etwas salopp gesagt, als „Hahn im Korb" der Geisteswissenschaften fühlen. Wird das Gotteshaus doch förmlich umringt vom Auditorium Maximum mit Anglistik und Philosophie, der Germanistik, dem Juridikum, der Katholischen Theologie und dem Fürsten-

berg-Haus. Die Petrikirche dient nicht nur durch die Jahrhunderte bis heute als Schulkirche des Gymnasiums Paulinum, der altehrwürdigen „Schola Paulina", sondern wird auch von weiteren Gymnasien der Innenstadt, der katholischen Studentengemeinde und der Katholisch-Theologischen Fakultät gerne genutzt. Pater Pius Hunzelmann von den Steyler Missionaren, Religionslehrer am Paulinum und Geistlicher Rektor von St. Petri, stellt „seine" Kirche auch für Trauungen oder Sonderveranstaltungen wie Orgelkonzerte zur Verfügung. Als Hausherr der Kirche, die im Besitz des „Studienfonds des Landes NRW" ist, fungiert jeweils der Direktor des Paulinums.

Die historische Verbindungslinie von der Petrikirche zu dem ältesten Gymnasium Münsters ist schnell gezogen. Die 797 vom heiligen Ludgerus gegründete münstersche Domschule wurde im Jahre 1588 den Jesuiten übertragen; aus der dem heiligen Paulus geweihten Domschule ist später die „Schola Paulina" hervorgegangen. Schon zwei Jahre nach der Gründung des Jesuitenkollegs, am 3. Juli 1590, wurde der

Die „Predigtkirche" ist St. Petri bis heute anzusehen wegen der Zuhöreremporen über den Seitenschiffen und vor der Westwand.

der Kirchenbau diesen eigentümlichen Charakter bewahrt. Der kurze übersichtliche Raum ermöglichte mit seinen breiten Emporen einer großen Gemeinde den Zugang zur Messe und vor allem zur Predigt. Die Emporen selbst dienten den Jesuiten unter anderem auch für die persönliche Seelsorge, für Beichte und Exerzitien.

Die Predigt- und Schulkirche der „Societas Jesu" (SJ), ein Backsteinbau mit Werksteingliederung, hat wegen ihrer Einheit von spätgotischen Bauformen und Stilelementen der Renaissance stets besondere Beachtung gefunden. St. Petri war der erste „Zwecktyp" von Kirchengebäude dieser Art im Nordwesten Deutschlands, der den besonderen Anliegen der Jesuiten architektonisch Form gab – das erste Bauwerk des „Manierismus" in Westfalen. Bis zur Aufhebung des Jesuitenordens im Jahre 1773 hat auch der durch fromme Schenkungen angesammelte reiche Paramenten- und Silberschatz der Kirche Berühmtheit erlangt. „Keine Kirche in Münster, vielleicht mit Ausnahme des Domes, konnte sich eines ähnlichen Reichtums barocker Silberarbeiten rühmen", so die Einschätzung Max Geisbergs. Später fielen sie den Franzosen als Kriegsgut in die Hände und wanderte 1808 „in die Pariser Münze zum Einschmelzen ..." (Geisberg).

Mit einem einzigartigen Kraftakt gelang es in den Jahren 1949 bis 1957, die schwer zerstörte Kirche (80 Prozent) vollständig wiederaufzubauen. Nur weniges Inventar, etwa die reichverzierte Barockkanzel und der 30kerzige flämische Bronzeleuchter, waren im Krieg ausgelagert worden. Beim Wiederaufbau ging es darum, einerseits den Charakter des alten Gotteshauses zu wahren, andererseits aber hie und da eine „Bereinigung" des architektonischen Bildes vorzunehmen. So etwa, wenn statt auf einen Dachreiter (wie vor 1944/45) wieder auf zwei schlanke Türme beiderseits des Chores zurückgegriffen wurde, wie sie der „Alerdingsche Stadtplan" von 1636 zeigt. Auch im Innern ist die Kirche nach und nach behutsam erneuert worden.

Unter großer öffentlicher Anteilnahme fand am 9. September 1957 die Übergabe des Gotteshauses an das Gymnasium Paulinum statt; eine Woche später weihte Bischof Dr. Michael Keller den neuen Altar. „Möge die St.-Petri-Kirche nie wieder der Kriegsfurie zum Opfer fallen und in alle Zukunft Gott und der Menschheit in Frieden dienen", schließt 1959 ein Beitrag in einer Paulinum-Festschrift.

St. Petronilla

Petronillaplatz, Handorf   (Lageplan Nr. 39)

Grundstein für das Gotteshaus gelegt. Im September 1597 war die Einweihung.

Ein besonderer und für Münster gänzlich ungewohnter Typus von Predigtkirche, die der Kölner Baumeister Johann Rosskott da verwirklicht hatte: Er baute die Jesuitenkirche als dreischiffige Basilika mit Emporen über den Seitenschiffen und vor der Westwand. Bis in die heutigen Tage hat sich

Manchen Neubürger im „jungen" Handorf, das seit der kommunalen Neugliederung (1975) zu Münster gehört, mag es verwundern. Aber Handorf gehört zu den ganz alten Gemeinden des Münsterlandes: Schon zu Beginn des Hochmittelalters gruppierten sich im Dörfchen „Honthorpe" einige Gehöfte rund um eine kleine Holzkirche an den Ufern der Werse. Die aus fränkischem Geblüt stammende Gräfin Rein-

mod von Cappenberg war es, die vor mehr als 950 Jahren, um 1030, aus Eigenmitteln ein erstes Gotteshaus erbauen ließ. Als Schutzpatronin wählte die adelige Kirchenstifterin, deren Gebeine im Viktorsdom zu Xanten ruhen, die frühchristliche Märtyrerin Petronella (erst viel später geschrieben: Petronilla). Die Blutzeugin und junge Christin hatte unter Kaiser Diokletian ihr Leben lassen müssen. Ihr Grab und Bildnis

finden sich in den Domitilla-Katakomben in Rom. Zeitweilig kannte Handorf ein „Doppel-Patrozinium": St. Petronilla und St. Pankratius. Seit dem 17. Jahrhundert ist nur noch Petronilla Pfarrpatronin.

Daß die Handorfer Petronilla-Pfarre im Juni 1982 ihr 700jähriges Bestehen feiern konnte, ist einer Urkunde zu danken, die bezeugt, daß das Gotteshaus im Jahre 1282 schon selbständige Pfarrkirche war. Gegen 1200 war ihr das Taufrecht zuerkannt worden. Zur Stiftskirche St. Mauritz, wie man vermuten könnte, hat die Kirche übrigens nie gehört; bis 1975 war sie Teil des Dekanates Telgte. Vermutlich wurde St. Petronilla sogar von St. Clemens in Telgte abgepfarrt.

Gegen Ende des 17. Jahrhunderts ist die zum letzten Mal um 1300 renovierte Petronilla-Kirche nach dem Urteil des damaligen Pfarrers Heinrich Schmedes (1656–1685) „so baufällig geworden, daß der Ruin täglich zu befürchten" war. Bis auf Chor und Turm wurde sie daraufhin eingerissen und durch einen Neubau aus Baumberger Sandstein ersetzt. Das heutige Langhaus ist vollständig aus dieser Zeit (1699/1700) erhalten.

Fürstbischof von Plettenberg – sein Grab befindet sich im Paulus-Dom – weihte den Sakralbau ein. Ein Wappen mit Blattgold-Inschrift im Gewölbebogen erinnert noch heute an den Konsekrator: „Fridericus Christianus Episcopus Monasteriensis Sacri Romani Imperii Princeps Burgravius Strombergensis Dominus in Borkelo 1700". (Friedrich Christian, Bischof von Münster, Fürst des Heiligen Römischen Reiches, Burggraf von Stromberg, Herr in Borkelo, 1700). Ein Chronogramm auf dem sandsteinernen Rahmen der südlichen Kirchentür sowie eine Relieffigur über dem nordwestlichen Treppenturmeingang weisen ebenfalls auf den Neubau hin, für den der Fürstbischof immerhin ein Viertel der Bausumme, nämlich 200 „Thaler", bereitstellte.

Die unaufhörlich steigende Bevölkerungszahl machte 1913 eine weitere Vergrößerung notwendig. Im Jahr 1800 hatten noch rund 500 Katholiken zu St. Petronilla gehört; 1895 waren es dann bereits 696 und im Jahre 1910 schließlich 864 Seelen. Die Gemeinde ließ das alte romanische Chor abbrechen und ein Querschiff sowie einen neuen Chor mit angrenzender Sakristei anbauen. Pastor Heinrich Eckervogt, der damals das Pfarruder in der Hand hielt, führte am 4. Juli 1913 einen Kirchenvorstandsbeschluß herbei, die Gemeinde St. Mauritz um ein Darlehen von 10 000 Mark zu einem Zinssatz von vier Prozent zu bitten. Die Opferbereitschaft der Handorfer war so groß, daß schon ein Jahr darauf die Schulden auf Heller und Pfennig getilgt waren ...

Daß die Angehörigen von St. Petronilla genau 34 Jahre auf den Kirchturm als markantes Wahrzeichen im altvertrauten Ortsbild von Handorf verzichten mußten, haben sie 1942 dem Luftgaukommando zu „verdanken". Im vierten Weltkriegsjahr wurde der (gegenüber dem heutigen beträchtlich höhere) Turm wegen der Nähe zum Militärflugplatz abgerissen. Erst seit 1976 schaut wieder ein vergoldeter Hahn aus 32 Metern Höhe auf die ehemalige Bauerschaft an der Werse.

Ihre heutige Gestalt erhielten das Innere und Äußere der Pfarrkirche bei einer grundlegenden Erneuerung und Erweiterung in den Jahren 1976/77. Fast 15 Monate lang war die Petronilla-Gemeinde damals Gast in der evangelischen Zionskirche. „Wir haben über Ökumene nicht geredet, sondern sie als Brüder und Schwestern Christi beispielhaft praktiziert", hieß es später. Zu der in sich schlüssigen, an die baugeschichtlichen Traditionen nahtlos anschließenden und deshalb wohlgelungenen Renovierung gehörten neben dem Turmbau die völlige Erneuerung des häßlichen alten Putzes und die Erweiterung des Querschiffes nach Norden hin. Auf der seitlichen Empore fand die neue Orgel Platz. Die rückwärtige Empore des Langhauses erhöht die Sitzplatzzahl auf 325.

Die zweistufige Chorinsel wurde drei Meter vorgezogen, so daß die Gläubigen von drei kreuzförmig angeordneten Bankgruppen freie Sicht auf den Altar als das optische Zentrum der Kirche haben. Der Altartisch aus Muschelkalkstein weist mit den Symbolen von Kreuz, Ähren und Trauben auf die Eucharistie. Der mit ihm als „Tisch des Wortes" korrespondierende Ambo zeigt in seinem Relief die Flammen des Heiligen Geistes. Der mittelalterliche Taufstein stammt noch aus dem ersten Handorfer Kirchlein.

4800 Mitglieder zählt die Petronilla-Gemeinde heute. Pfarrer Gerhard Ernst, seit Juli 1982 Nachfolger von Johannes Tebroke, spricht gerne von einer „Schnellzuwachsgemeinde" mit vielen jungen Familien: ein Spiegelbild der Innenstadtentleerung. Die „bunte Mischung der Pfarre" (Ernst) ergibt sich aus dem Nebeneinander von jungen und jüngsten Wohnbezirken einerseits und dem alten gewachsenen Handorf andererseits, zu dem auch die Bauerschaften Dorbaum und Kasewinkel gehören. Es ist kein zufälliges Kennzeichen für das alte und doch „jugendfrische" Handorf, daß etwa 1979 immerhin 39 Taufen, 79 Erstkommunionen und 183 Firmungen zu verzeichnen waren.

St. Pius

Elbestraße   (Lageplan Nr. 40)

Die älteren Münsteraner werden sich noch lebhaft erinnern – sein Foto war früher in zahllosen Häusern anzutreffen: das Bild des 1914 gestorbenen und später heilig gesprochenen Papstes Pius X. Der ehemalige Kardinal und Patriarch von Venedig, mit bürgerlichem Namen Giuseppe Sarto, galt (und gilt) als einer der bedeutendsten Reform- und Seelsorgepäpste der beiden letzten Jahrhunderte. Er bekämpfte „Modernismus" und Verweltlichung, erneuerte Liturgie und Kirchenmusik, setzte die Frühkommunion der Kinder durch und ordnete die kirchliche Verwaltung neu – man nannte ihn den Vollender der vor-konziliaren katholischen Kirche. Als Anfang der sechziger Jahre der Vorschlag aufkam, ihn, den populären heiligen Papst, zum Pfarrpatron für eine Tochtergemeinde der Erpho-Pfarre zu wählen, war deshalb die Begeisterung groß, die Zustimmung ungeteilt.

Schon vor dem letzten Krieg zählte St. Erpho rund 5000 Gläubige, bis 1960 stieg ihre Zahl auf fast 11 000 an. Besonders in den Stadtbezirken Pötterhoek und Blitzdorf hatte sich eine rege Bautätigkeit entwickelt. Pfarrer Vornefeld und Kaplan Leuer (er wurde später erster Pastor an St. Pius) war klar geworden, daß die Riesengemeinde längst nicht mehr „regierbar" geschweige seelsorglich betreut werden konnte. Für das östliche Stadtgebiet Münsters, möglichst in der „Ecke" Schiffahrter Damm/Warendorfer Straße, mußte dringend ein neues Gotteshaus her: „Helft uns, St. Pius für Münsters Osten aufzubauen", war damals ein Aufruf an die Katholiken Münsters „zu einer Tat gemeinsamer Hilfe und Opferbereitschaft" überschrieben.

Daß der Sakralbau so schnell begonnen und so zügig durchgeführt werden konnte, war der weisen Voraussicht der Generalvikariatsplaner zu danken, die schon 1953 vorsorglich ein passendes Grundstück zwischen Lahn- und Elbestraße gekauft hatten. Das Team Paul Eling/Günther Fiedler – ersterer ein „Erpho-Sohn" – erhielten Anfang 1961 den

Architektenauftrag. Schon im Mai des kommenden Jahres wurde der erste Spatenstich getan. Der damalige Kapitularvikar Laurenz Böggering (Bischof Dr. Michael Keller war gestorben) legte am 8. Juli 1962 den Grundstein. Dieser stammte, wie in der Urkunde ausdrücklich festgehalten ist, „aus den Trümmern des Hohen Domes", und trägt die Aufschrift „Omnia instaurare in Christo" (Alles in Christus erneuern), den Leitspruch, unter den Papst Pius X. sein Pontifikat gestellt hatte. Knapp anderthalb Jahre später bereits, am 21. Dezember 1963, weihte Bischof Joseph Höffner die Pius-Kirche ein.

Die zurückhaltende Schlichtheit und nüchterne Sachlichkeit des Äußeren läßt kaum auf die Großzügigkeit, Klarheit und lichte Weite des Innenraumes auf sechseckigem Grundriß schließen. Die hohen, vom Fußboden bis zum Dachansatz reichenden Fenster spenden Licht in Fülle und brechen darüber hinaus den Innenraum der Kirche gleichsam nach außen auf. Überhaupt sind die in Blau-, Grau- und Gelbtönen gehaltenen Fenster das eigentliche künstlerische Gestaltungselement des Gotteshauses.

Durch die Zentrierung des Altarraumes mit seinen deutlich als Opferstein und -tisch erkennbaren Altar wird dem Gläubigen eine unmittelbare Anteilnahme am liturgischen Geschehen ermöglicht; die Gemeinde versammelt sich im Halbrund um die Altarinsel. Optisch (und auch künstlerisch) deutlich aufgewertet werden konnte der Chorraum Ende März 1975 durch die Anschaffung eines Kreuzes, das einen vermutlich über 300 Jahre alten alpenländischen Christus-Korpus aus Tirol trägt.

Was wohl nur die Pfarrangehörigen wissen und etwa vorbeifahrende Autofahrer kaum vermuten würden: Der schlanke sechseckige Glockenturm, ein freistehender Campanile aus schlichten Betonteilen, macht seinem Namen keine Ehre; bis auf den heutigen Tag konnten noch keine Glocken angeschafft werden.

Pastor Lothar Große-Rüschkamp, langjähriger früherer Klinikenpfarrer, ist sich allerdings sicher, daß von einem noch so wohlklingenden Geläut das „Funktionieren" einer Gemeinde nicht abhängen kann. Die „vorwiegend vom Mittelalter und auch von Pensionären bewohnte" Pfarre (3500 Katholiken) sei „sehr sozial-caritativ eingestellt", lobt er seine Gemeinde – ein Engagement, das vom Besuchsdienst für alte Leute bis zur Unterstützung eines argentinischen Kinderheimes reicht.

St. Sebastian

Hammer Straße   (Lageplan Nr. 41)

Von Bischof Dr. Michael Keller, dem 1961 gestorbenen Oberhirten des Bistums Münster, heißt es, er habe verwundert den Kopf geschüttelt, als ihm Pläne und Modell für das neue Gotteshaus vorgelegt wurden. Zu ungewöhnlich und neuartig mochte ihm das Bauvorhaben für die Sebastian-Kirche erscheinen. Die Architekten Dirksmeier/Esser konzipierten den Sakralbau so, daß der gottesdienstliche Raum äußerlich einem hochaufragenden Schiffsbug nicht unähnlich sieht, die Vielzahl seiner Fenster den Bullaugen: St. Sebastian an der Hammer Straße will eine „Arche", eine Oase der Besinnung sein, die dem Menschen auch bei dem hohen Wellengang heutiger Zeit ein Ort bergender Ruhe ist.

Als die Sebastian-Kirche am Alten Schützenhof am 29. September 1962 vom heutigen Kölner Kardinal und Vorsitzenden der Deutschen Bischofskonferenz, Joseph Höffner, eingeweiht wurde, war dies eine der ersten Amtshandlungen des Diözesanbischofs: Genau 14 Tage vorher war Prof. Höffner, Nachfolger Dr. Michael Kellers, als neuer Bischof von Münster eingeführt worden.

St. Sebastian ist ein „Kind" von St. Joseph (1898 von der Lamberti-Pfarre abgepfarrt), hat aber auch Teile des Pfarrgebietes von Heilig Geist (1929 Kirchweih) abbekommen.

Die bekrönte Muttergottes mit dem entseelten Leichnam Jesu: Die Pieta von St. Sebastian ist ein Zeugnis Tiroler Bauernkunst (17. Jh.).

Allein in der Josephs-Pfarre schnellte in den fünfziger Jahren die Zahl der Katholiken so sehr in die Höhe, daß eine Neugründung dringend geboten schien. Schon rechtzeitig – 1953/54 – war mit dem Kauf eines rund 5000 Quadratmeter großen Grundstücks die wichtigste Voraussetzung geschaffen worden; der damalige Preis pro Quadratmeter übrigens: 25 Mark.

Mit der Planung wurde 1958 begonnen. Die errechneten Gesamtkosten sollten sich auf 716 637 Mark belaufen. Zwar sicherte das Bistum die Übernahme von 450 000 Mark zu, doch sorgte die fehlende Restsumme in den nächsten Jahren dafür, daß die Geldsorgen fürs erste erhalten blieben. Monatliche Kollekten, Haussammlungen des Kirchbauvereins, die Sammlung „Münster hilft Münster" und zahllose Spenden erbrachten geradezu erstaunliche Ergebnisse. Noch heute kann sich der erste Pfarrer von St. Sebastian, Aloys Hegemann, in diesen Jahren der gesamtverantwortliche „Baukaplan" der Mutterpfarre St. Joseph, gut erinnern, eine Vielzahl von größeren und kleineren Beträgen „zusammengebettelt" zu haben.

Ein wenig schmunzelnd pflegt man heute in der Pfarrei zu sagen, in St. Sebastian sei jedwede „Kirchturmspolitik"

unmöglich. Sehr richtig! Erklärung: Das Gotteshaus verfügt über keinen Glockenturm, wenngleich ursprünglich ein freistehender Campanile vorgesehen war. Doch die Finanzmittel reichten vorerst weder aus, einen Turm zu bauen, noch den Kirchplatz zu gestalten. Daß es einen Kirchturm mit Glocke bis heute nicht gibt, kann Pastor Hegemann kaum mehr aus der Fassung bringen: „Deshalb haben wir bestimmt keinen Besucher weniger..."

Der erste Spatenstich war am 8. September 1960. Ende April 1961 nahm der damalige Generalvikar Laurenz Böggering die Grundsteinlegung vor. Am Michaelistag 1962 weihte Bischof Höffner die neue Sebastian-Kirche ein. Damals konnte noch niemand absehen, daß sie einmal zwei Namensgeschwister bekommen würde: durch die kommunale Neugliederung – mit St. Sebastian in Nienberge und St. Sebastian in Amelsbüren.

Von einem „schwarzen Tag" ist in der Chronik wörtlich die Rede, als sich am Morgen des 15. Oktober 1963, also erst gut ein Jahr nach der Fertigstellung, größere Teile der Außenverkleidung der Kirche aus weißem Carrara-Marmor lösten und in die Tiefe stürzten. Weitere Schadensstellen machten es später erforderlich, die ganze „Außenhaut" zu entfernen und eine neue Verblendung aus Handform-Ziegeln aufzumauern. Lange dauerte der Versicherungsstreit, bis schließlich eine Einigung gefunden war und die Kirche ein neues „Klinkerkleid" bekommen hatte.

Die Pfarre St. Sebastian, deren „Adrema" eine Zahl von 4500 Katholiken ausweist, wird umgrenzt von Hammer Straße und Bahnlinie einerseits und Augustastraße und Umge-hung andererseits. Wegen der geringen Akademiker- und hohen Zahl der Werktätigen kann St. Sebastian als „klassische" Arbeiterpfarrei gelten. Das Leben in der Gemeinde tragen und gestalten neben den Ausschüssen des Pfarrge-meinderates auch Vereine, Gemeinschaften, Dienste und Arbeitskreise mit. Seit dem 21. Juli 1963 ist das Pfarrektorat selbständige Pfarre.

St. Sebastian

Zum Häpper, Amelsbüren

(Lageplan Nr. 42)

Amelunburen, Amelincburen, Amlenburen, Amelsbüren: Das schmucke Dörfchen – im Schnittpunkt von Dortmund-Ems-Kanal und Bahnlinie Dortmund–Lünen–Münster gele-gen – gehört zu den ganz alten Gemeinden des Münsterlan-des. Nur acht Kilometer von der ludgerianischen Domburg („monasterium") entfernt, hat sich hier nachweislich schon sehr früh christliches Leben geregt. Die Pfarre St. Sebastian wurde im Jahre 1137 erstmals urkundlich erwähnt – also etwa zu der Zeit, als in der Bischofsstadt Münster St. Lamberti und dann St. Ludgeri, St. Aegidii und St. Martini gegründet wurden.

Kirche und Pfarrstelle sind wahrscheinlich in den ersten Jahrzehnten des 12. Jahrhunderts von der Familie von Reche-de und dem Stift St. Mauritz gegründet worden, das damals in Amelsbüren reichen Landbesitz hatte. St. Sebastian (der Patron der Gemeinde ist ein frühchristlicher Märtyrer, der unter Kaiser Diokletian den Tod fand) erhielt zur Konstitu-ierung des Pfarrsprengels vermutlich Teile der Dompfarre und der münsterländischen „Urpfarre" Albersloh. Nachweis-bar hat auch Venne einmal zu Amelsbüren gehört: Es exi-stiert eine Urkunde aus dem Jahre 1249, die die Abpfarrung belegt.

Sebastian war immer und ist noch heute die sprichwörtli-che „Kirche im Dorf", um die herum sich alles gemeindliche Leben entwickelte. Seit alters her ist der Amelsbürener Pfarrbezirk sehr weitläufig, da ihm auch die alten Bauerschaf-ten Loevelingloh, Sudhoff und Wilbrenning angehören. Um das Jahr 1800 zählten zur Sebastian-Pfarre 166 Familien mit rund 1300 Seelen.

Ein für das Dorf durch die Jahrhunderte hin bedeutsamer Handelsweg war die Davensberger Straße mit der sogenann-ten „Stiege", die vom Süden über Ascheberg kommend nach Münster und von dort weiter nach Norden führte. Auch der berühmte päpstliche Gesandte Fabio Chigi, der spätere Papst Alexander VII., soll hierher seinen Weg genommen haben, als er 1648, dem Jahr des Friedensschlusses nach dem 30jähri-gen Krieg, nach Münster reiste. Nicht minder große Bedeu-tung erhielt der westlich am Ort vorbeiführende Kappenber-ger Damm, der von Münster nach Amelsbüren, Venne und Lüdinghausen zu Schloß und Kloster Kappenberg führt.

Die heutige Pfarrkirche dürfte das dritte, wenn nicht vierte Gotteshaus sein, das an gleicher Stelle errichtet wurde – zunächst aus Holz. Die untere wuchtige Turmpartie ist der älteste Teil der im Kern romanischen Kirche. In schweren Zeiten (erinnert sei nur an den Spanisch-Niederländischen Krieg, als Amelsbüren von plündernden Horden mehrfach heimgesucht wurde) diente der Kirchturm als Wehrturm der Verteidigung. Das ursprüngliche Satteldach wurde 1750 nach der Erhöhung um ein Turmgeschoß durch einen Zwiebel-turm ersetzt. Der heutige schlanke, neugotische Spitzhelm, der das Gotteshaus schon von weitem sichtbar macht, stammt vom Ende des letzten Jahrhunderts.

Die einschiffige spätgotische Halle ist in der zweiten Hälfte des 15. Jahrhunderts gebaut worden. Bei einer Reno-vierung 1953–56 legten die Restauratoren gotische Rankenor-namente frei, die einst das Dekor der Gewölbeschlußsteine gebildet hatten. Ein ganz neues „Gesicht" bekam die Amels-bürener Pfarrkirche 1893 bei der Erweiterung um einen großen Querflügel und einen neuen Chor. Langhaus und Turm blieben erhalten. In jenem Jahr wurde auch der berühmte „Amelsbürener Altar" an den Kunstverein nach Münster verkauft (heute im Landesmuseum): ein bedeuten-des Beispiel westfälischer Tafelmalerei des 15. Jahrhunderts, das die Kreuzigung Jesu zeigt mit der Stadt Münster als Hintergrund.

Berühmtheit erlangt haben die vier Glocken von St. Seba-stian aus den Jahren 1651, 1726, 1787 und 1829. Sie wurden 1942 zum Einschmelzen nach Hamburg gebracht, entgingen dort aber „wie durch ein Wunder" (Chronik) ihrer Vernich-tung und kamen 1947 unversehrt per Schiff wieder zurück.

Noch heute ist die 4000-Katholiken-Pfarre St. Sebastian eine ausgesprochene Flächengemeinde. Die Pfarrgrenzen bil-den Hof Heithorn, Klosterholz in der Davert, die Bauerschaft Wilbrenning und schließlich die nördlich angrenzende Nach-barpfarre St. Anna, Mecklenbeck. Pfarrer Theodor Brockhoff ist nach der starken Bauaktivität der Vergangenheit sehr darauf bedacht, zur Integration der Neubürger mit den Alteingesessenen beizutragen. Viele junge Familien sind in den letzten Jahren zugezogen. „Wir bilden eine zugleich alte und junge Gemeinde, eine Gemeinde im Umbruch..."

St. Sebastian

Sebastianstraße, Nienberge

(Lageplan Nr. 43)

Hätte es 1975 nicht die kommunale Neugliederung gegeben, würde man sagen: Die Kirche liegt vor den Toren der Stadt. Heute aber gehört St. Sebastian in Nienberge zu Münster, auch wenn sie in Wahrheit „Kirche im Dorf" geblieben ist – malerisch an der Gräfte von „Haus Nienberge" gelegen. Domkapitular Adolph Tibus hat schon 1885 in seiner „Gründungsgeschichte der Stifte, Pfarrkirchen, Klöster und Kapellen im Bereich des alten Bisthums Münster" festgehalten, daß die Nienberger Pfarre zwar ursprünglich auch einige Anteile am alten Dompfarrgebiet hatte, aber „zum Theile oder hauptsächlich Filiale von Altenberge" gewesen ist.

Wer sich von Münsters Südosten Nienberge nähert, entdeckt schon früh die schiefergedeckte Spitze des romanischen Kirchturms. Dieser zwar wuchtig, aber durchaus nicht plump wirkende Wehrturm aus sandsteinernem Bruch-Mauerwerk ist zugleich der älteste Teil von St. Sebastian; er dürfte aus dem 12. oder 13. Jahrhundert stammen. An die Gründer-

Der Altar von St. Sebastian in Nienberge, ein aus Quadern gefügter Block, unterstreicht sinnfällig den Opfercharakter der Eucharistie.

Ursprünge durch die Adelsfamilie von Schonebeck erinnert unten am Turm das Grabmal der Edelfrau von Schonebeck (1583).

An die Stelle der schlichten Holzhalle ist 1499 ein im spätgotischen Stil errichteter einschiffiger steinerner Hallenbau getreten. Der Schlußstein des Kreuzgewölbes über dem Altar – mit einer Darstellung des heiligen Sebastian – trägt diese Jahreszahl. Der Charakter der alten Dorfkirche läßt sich am ehesten von der hinteren Orgelempore aus erspüren: Aus dieser Warte sind die beidseitigen, 1957/58 unter Pfarrer Carl Neuendorff angebauten Querschiffteile nahezu unsichtbar. Das alte, halbsteinig gemauerte Gewölbe unterstreicht die dorfkirchlich-intime Atmosphäre der Pfarrkirche. Auch wer „unten im Turm" steht, ist dem Altar noch nahe.

Daß aus dem Kirchlein eine Kirche geworden ist, erreichte die Gemeinde durch den Anbau eines Querschiffes. Damit ließ sich die Sitzplatzzahl verdoppeln. Die dreistufige Altarinsel mit dem opfersteinähnlichen freistehenden Tisch aus großen Sandsteinquadern steht genau im Schnittpunkt des alten Langschiffes mit dem neu entstandenen Querschiff. Die beiderseitige Kirchenerweiterung ist bisher allenthalben als „gelungen" anerkannt worden. Der Eindruck einer störenden baulichen „Totaloperation" wird rein äußerlich schon deshalb vermieden, weil das Kirchendach lediglich etwas verlängert erscheint ...

Im Inneren von St. Sebastian fällt besonders das hochgotische Sakramentshäuschen auf. Wie auch die Kanzel, so stammt die schlanke, bis unter das Gewölbe reichende Sandstein-Stele aus den ältesten Tagen der Nienberger Pfarrkirche. Leicht aufgerissen die Architektur, lebendig und ornamentenreich die Detailarbeiten: ein Fries mit Darstellungen der Propheten und Mariens, Engelsgestalten, der wiederkehrende Christus, die Aposteln Petrus, Paulus und Laurentius. Das mittlere neugotische Maßwerk-Fenster hinter dem Altar (1901) zeigt im Hauptmotiv seiner Glasmalerei Jesus am Kreuz. Die 14 Fenster im neuen Seitenschiff mit Einzeldarstellungen des Credo wirken wie eine zu Glas gewordene Meditation. Ein Verweilen lohnt auch bei den zwölf Apostel-Statuen im Langschiff, dem Schlaun zugeschriebenen, hölzernen Rokoko-Taufbrunnen (Der Barockbaumeister war ja Nienberger Bürger!) und bei der Orgel, deren ältester Teil – neun Register – von 1840 stammen.

Pfarrer Reinhold Waltermann, von 1968 bis 1977 Studentenpfarrer an der Universität Münster, nennt seine Gemeinde gern „alt und zugleich jung": Bis zum letzten Krieg hatte die Pfarre kaum tausend Mitglieder, heute sind es fast fünfmal so viel. Somit ist sie einerseits eine „geschlossene" Gemeinde mit alten Dorftraditionen und gewachsenen Vereins- und Verbandsaktivitäten, aber andererseits durch viele Zuzüge eine „offene" Gemeinde mit hoher Flexibilität. Nienberge ist Ortsteil Münsters geworden, hat es aber zugleich verstanden, die Kirche im Dorf zu lassen ...

St. Servatii

Eine kleine Tafel an der Nordseite des Gotteshauses gibt die Zweckbestimmung an: „In dieser Kirche Eucharistische Anbetung – Ruhe und Sammlung". Schon rund fünf Jahrzehnte ist St. Servatii jetzt nicht mehr Pfarrkirche, sondern Kirche der Ruhe und Stille, der Sammlung und des Gebets, der Anbetung Gottes im Sakrament des Altares. Clemens August Graf von Galen, der vor seiner Bischofsernennung Pfarrer von St. Lamberti war, fand 1932 bei Bischof Johannes Poggenburg ein offenes Ohr für seinen Vorschlag, das Pfarrgebiet der 700 Jahre alten Servatiikirche („eines der ältesten Heiligtümer unserer Stadt") St. Lamberti anzugliedern und ihr den Charakter der Anbetungskirche zu geben.

Am 7. November 1932 erging ein „Aufruf an die Katholiken Münsters", das große Anliegen einer solchen überpfarrlichen Kirche mitzutragen, unterzeichnet von Oberbürgermeister Zuhorn, Anton Hüffer, Stadtdechant Beelert, Dompropst

In der spätromanischen zweijochigen Kirche St. Servatii lassen Spitzbögen in den Gewölben den Übergang zur Frühgotik erkennen.

Donders und Pfarrer Graf Galen: „Tag für Tag wird in St. Servatii das allerheiligste Sakrament zur Anbetung ausgesetzt sein. Vor ihm sollen die Gläubigen die Gnade und das Erbarmen des göttlichen Herzens herabrufen auf Stadt und Bistum, Familie und Kirche, auf Vaterland und Welt. Preis und Dank, Bitte, Abbitte und Sühne, zusammenfließend im Lob der heiligsten Dreifaltigkeit, sollen täglich emporsteigen zum Thron des eucharistischen Gottes . . ."

Was Galen, der nach 23 Berliner Jahren 1929 Pfarrer von Lamberti wurde, damals noch nicht ahnen konnte: Daß er selbst es sein würde, der schon im Jahr darauf, am Christkönigsfest 1933, als neuer Bischof von Münster die Ewige Anbetung in St. Servatii eröffnen sollte. Es war die erste bischöfliche Amtshandlung nach seiner Weihe am 28. Oktober 1933, die Servatiikirche in einem feierlichen Pontifikalamt in den Dienst der Anbetung zu stellen. Bis auf den heutigen Tag wird das kleine Gotteshaus im Zentrum Münsters von zahllosen Betern aufgesucht, die hier in der Stille, abseits des lauten Alltags, niederknien.

Rektor der Anbetungskirche ist Propst Raphael Graf Droste zu Vischering, Ehrendomkapitular und früherer Propst in Recklinghausen. Sein Vater und Bischof Clemens August, „der Löwe von Münster", waren Vettern. St. Servatii sei eine „Gebetsstätte für die ganze Diözese", sagt Graf Droste, ein Ort der Stille und der Besinnung, um „im Zeichen der Eucharistie Trost, Hilfe und Ermutigung zu erfahren".

Die Servatii-Kirche gehört zu den ältesten Gotteshäusern Münsters, nur wenig jünger als St. Ludgeri, St. Martini und St. Aegidii. Sie dürfte Mitte bis Ende des 13. Jahrhunderts erbaut worden sein. Vieles deutet darauf hin, daß die Pfarre älter ist, denn eine Evangelienhandschrift des Überwasserklosters erwähnt schon im Jahre 1197 eine – vermutlich hölzerne – Kapelle des heiligen Servatius, die bei einem Brand nicht zerstört worden sei. Erst um 1500 erhielt das Gotteshaus einen fünfseitigen gotischen Chor mit Maßwerkfenstern.

Der im Grundriß noch romanisch geprägte Raum weist mit je zwei Gewölbefeldern zu Seiten der beiden mittleren Joche auf den Übergang zur Frühgotik. In der Höhe ist der Hallenraum gestuft – ein weiteres Charakteristikum: der Wechsel von Pfeilern und Säulen. St. Servatii zählt, ähnlich wie St. Ludgeri, zu den Sonderformen der frühen westfälischen Hallenkirchen.

Die Wiedertäufer zerstörten die Kirche im 16. Jahrhundert in schlimmer Weise: „So hebben sie ouk S. Servatius kerke umb gegraven mit dem torn, dat dair nicht heils von blief" (Greßbeck). Die Hälfte der Kirche wurde abgetragen. Doch ebenso schnell ging der Wiederaufbau vonstatten. Der Kirchturm wurde erst 1858 durch Hinzufügen eines dritten Geschosses auf 42 Meter erhöht. Noch vor Umwandlung von der Pfarr- zur Anbetungskirche genehmigte die bischöfliche

Behörde 1931/32 eine umfassende Restaurierung. Das Wichtigste: Der Kirchenboden wurde um 70 Zentimeter auf das ursprüngliche Niveau abgesenkt, die neu-romanische Ausstattung und Ausmalung entfernt.

Im letzten Krieg gehörte St. Servatii zu den am meisten zerstörten Altstadtkirchen. Prälat Joseph Leufkens, der erste Rektor der Anbetungskirche, mußte bei immer neuen Bombenangriffen in den Jahren 1944/45 miterleben, wie die Kirche in Schutt und Asche sank. Seine Schilderung: „Am anderen Morgen kletterten wir über die Trümmerhaufen zur Kirche. Von Altar und Tabernakel war nichts mehr zu finden. Schließlich grub ich aus den noch schwelenden Mau-

erresten ein Ziborium aus. Es war nur mehr ein Klumpen. Auf den Mauerresten zündeten wir eine Kerze als das letzte Ewige Licht an, zum letzten mal beteten wir das ‚Tantum ergo‘. Sankt Servatii war nicht mehr.“

Doch die Anbetungskirche erstand in alter Schönheit wieder. Schon 1947 konnte der Chor der Kirche gerichtet werden. Erste Gottesdienste fanden bereits statt, als die Gewölbe fehlten und die Säulen wie Stümpfe im Kirchenraum standen. 1952, am Christkönigsfest, war die feierliche Einweihung der Kirche, einer (so damals Domkapitular Franz Vorwerk) „Insel des Friedens und der Stille mitten im Getriebe der Stadt . . .“

St. Stephanus

Stephanuskirchplatz   (Lageplan Nr. 45)

Schon zwei Wochen vor der Einweihung durch Bischof Joseph Höffner gab es ein großes Vorab-Kompliment: „Sie dürfte das modernste und vielleicht auch schönste Gotteshaus in Münster werden“, lobten die Westfälischen Nachrichten Ende November 1965. Die Rede war von der neuen St.-Stephanus-Kirche in der „Aaseestadt“, die mit ihrem

Die Ikone ist ein Kultbild der Orthodoxen Kirche. Die Ikonostase (Bilderwand) von St. Stephanus ist aus zwölf Gemälden gefügt.

architekturalen Schwung weit über Münsters Grenzen hinaus Beachtung fand. Soeben war in Rom das Zweite Vatikanische Konzil zu Ende gegangen. Zwei Tage vor der feierlichen Konsekration am 11. Dezember 1965 kehrte Münsters Diözesanbischof, der heutige Kölner Kardinal und Vorsitzende der Bischofskonferenz, aus der Ewigen Stadt zurück.

St. Stephanus war damals die 27. katholische Pfarrkirche der Stadt. Das neue Pfarrgebiet zwischen Koldering, Aasee, Mecklenbecker Straße, Weseler Straße und Boeselager Straße wurde gebildet aus Teilen von St. Antonius und von St. Anna in Mecklenbeck. Schon im Oktober 1963 hatte die Bistumsleitung dies bis dahin weitgehend landwirtschaftlich genutzte Gebiet zum selbständigen Pfarrbezirk ernannt. Da

sich St. Stephanus also gewissermaßen aus zwei (Pfarr-)Quellen gespeist hat und eine hieb- und stichfeste Mutterpfarren-Abstammung nicht ohne weiteres herzuleiten ist, pflegt mancher Aaseestädter bis heute schmunzelnd zu sagen, daß „St. Stephanus ohne Vater und Mutter zur Welt gekommen“ sei . . .

Daß der bauliche Entwurf von Architekt Hans Schilling (Köln) 1963/64 nicht nur in Fachkreisen Aufsehen erregte, verwundert auch fast zwei Jahrzehnte später noch nicht. Zusammen mit Pfarrhaus, Bücherei, Pfarr- und Jugendheim und Küsterwohnung bildet das Gotteshaus mit Pfarrzentrum im Grundriß ein unregelmäßiges Fünfeck. Von außen betrachtet wirkt der weithin sichtbare Chor der Kirche wie ein steil aufragender Schiffsbug – „ein Symbol für das in den Fährnissen der Welt dahinfahrende, auf den Himmel ausgerichtete Schiff Kirche“, wie es einmal hieß.

Zur anderen Seite des Sakralbaues, der ganz mit hellen freundlichen Klinkern ummauert ist, erhebt sich ein kompakt anmutender Turm, dem eine Bekrönung in Form einer Spirale aufgesetzt wurde, die schließlich in einem Kreuz endet, dem Zeichen christlicher Hoffnung.

Nach der Grundsteinlegung am 12. Juni 1964 konnte bereits im folgenden Januar Richtfest gefeiert werden. Im Juli dann der Einbau der farbigen Glasfenster: keine Bildfensterflächen im herkömmlichen Sinne. Der Kölner Künstler Franz Pauli nahm die asymetrischen Formen des Architektenentwurfs auf und schuf hochgelegene Lichtbänder, die – abstrakt gestaltet – gedämpftes Licht in das Innere der Kirche fallen lassen. Die in diese „Lichtschlitze“ eingelagerten sinngebunden Zeichen weisen u. a. auf den Heilsweg des Gottesvolkes hin, vom Alten über das Neue Testament bis hin zur Geheimen Offenbarung.

Durch die nach und nach vervollständigte Gestaltung des Innenraumes von St. Stephanus hat das Gotteshaus eine sehr warme und „dichte“ Atmosphäre erhalten. Dabei gewann die Kirche besonders durch eine Reihe wertvoller russisch-orthodoxer Ikonen – durchweg Dauerleihgaben aus privater Hand.

Keine zweite Kirche im weiten Bistum dürfte in so würdiger Weise „ikonographisch" gestaltet sein: Da ist eine großartige zwölfteilige Ikonostase aus dem 19. Jahrhundert, die neben Heiligen der Ostkirche auch den Kirchenpatron, den frühen Märtyrer Stephanus, zeigt. Sehr beeindruckend sind die Ikonen-Darstellungen des Christus als „Pantokrator" (Allherrscher), der „Maria Tichvinskaja" und „Christus unser Opferlamm".

„Hier geht man hinein, um Gott zu lieben – hier geht man hinaus, um die Menschen zu lieben". So steht auf den bronzenen Griffen einer Kirchentür von St. Stephanus zu lesen. Eine Art Programm für die kirchliche Gemeinde? Pfarrer Heinz Löker findet diese Interpretation keineswegs gewagt. Die junge Stephanus-Gemeinde in der Aaseestadt (5500 Katholiken) hat aus der „Pionierzeit" der Pfarr- und Kirchengründung viel an Einsatzbereitschaft und Initiative in das Heute hinübergerettet. „Die Leute in unserer Gemeinde haben sich von Anfang an zu vielen kleinen und größeren Diensten in und an der Gemeinde bereitgefunden." Die Kirche, so sagt der Pastor, sei nicht nur optisch ein gemeinschaftsbildender Mittelpunkt der Gemeinde. „Dies an sich ist schon erfreulich ..."

St. Theresia

Waldeyerstraße

Das ist „Kirche von unten": Als nach dem Zweiten Weltkrieg die Sentruper Höhe mehr und mehr besiedelt wurde und ein Häuschen nach dem anderen aus dem Boden schoß, da wollten die Bewohner auch „ihre" Kirche. Aus der Not wurde schnell eine Tugend: Die Sentruper sicherten sich eine große, nicht mehr benötigte hölzerne Baubaracke und statteten sie als Behelfskirche aus. Am ersten Weihnachtstag des Jahres 1951 fand hier der erste Gottesdienst statt – wenn man so will, der seelsorgliche Start der Pfarrgemeinde St. Theresia, die 1981 die 25. Wiederkehr der Kirchweih von (Neu-)St. Theresia feiern konnte.

Der Name Sentruper Höhe findet sich schon im 15. Jahrhundert, zurückgehend auf den Hof „Haus Sentrup" als

Neben dem Eingang von St. Theresia, unten am Turm, wurde eine Kreuzigungsszene eingelassen, früher Teil eines Bildstocks.

„Semeltorp" oder „Semethorpe". Doch die erste Besiedlung des Geländes erfolgte nach dem Ersten Weltkrieg. Hinter dem „Feldschlößchen" entstand eine „Baue-Selbst-Siedlung". Die eigentliche Bebauung der alten „Sentruper Heide" in der Nähe von Universitätskliniken und Aasee wurde dann nach dem letzten Krieg in den Stiel gestoßen. Die Siedlergemeinschaften bestanden weitgehend aus kleinen Leuten; schmunzelnd und durchaus wohlmeinend sprach man damals von der Sentruper Höhe als einem „Hypothekenhügel", der Abstotterei vieler Bauherren wegen . . .

Als die Barackenkirche auf dem Gelände der heutigen Theresienschule im Gebrauch war, wurden erste Überlegungen laut, ein „richtiges" Gotteshaus für die Katholiken der Sentruper Höhe zu bauen. Die Überwasserpfarre, zu der dies Viertel Münsters gehörte, hatte bereits frühzeitig mit Kaplan Bernhard Schräder einen Interims-Seelsorger abgestellt. 1953 ernannte Bischof Dr. Michael Keller Pater Josef Prinzensing von den Hiltruper Missionaren zum ersten „festen" Seelsorger.

In diesen Jahren nahm das Vorhaben, ein steinernes großes Gotteshaus zu bauen, konkrete Formen an. Der Architektenauftrag ging an Werner Schröter, einen Sohn der Gemeinde. „Mit sparsamsten Mitteln" (das hieß: rund 200 000 Mark) sollte die Kirche gebaut werden. Unter tatkräftiger Unterstützung des Pfarrers und Dechanten von Liebfrauen-Überwasser nahm das Projekt Gestalt an: Im Juni 1955 legte Weihbischof Heinrich Roleff den Grundstein. Anderthalb Jahre später, am vierten Adventssonntag des Jahres 1956, konsekrierte Weihbischof Heinrich Baaken den neuen Kirchbau. Patronin von Kirche und Pfarre wurde die Heilige Theresia vom Kinde Jesu. Die französische Karmeliterin starb 1897 im Alter von erst 24 Jahren in Lisieux („Theresia von Lisieux") und wurde 1925 von Papst Pius XI. heiliggesprochen.

Zur selbständigen Pfarre erhoben wurde die Rektoratsgemeinde schließlich 1967 unter P. Dr. Bernhard Meinert MSC, der von 1957 bis 1969 Pastor in St. Theresia war. Unter ihm entstanden auch der Kindergarten (1959) und das Jugendheim (1964).

Rund 2000 Katholiken wohnen heute in der Pfarrei St. Theresia, die von Aa und Westring sowie von Allwetterzoo und Roxeler Straße umgrenzt wird. Pfarrer Bernhard Niehues, früher Bischöflicher Kaplan von Dr. Michael Keller, skizziert als besonderes Merkmal seiner Gemeinde, daß es in den gewachsenen Wohngebieten mit ihrer Vielzahl von Einfamilienhäusern „fast keine Mieter, aber viele Eigentümer" gibt. Die entsprechend geringe Fluktuation hat mit der Gründergeneration zu tun: Die Anzahl der über 70jährigen ist heute doppelt so groß wie noch vor zehn Jahren; entsprechend gering die Zahl der Taufen – zehn bis 15 jährlich. Ein Umstand, der der Gemeinde nicht zum Schaden gereichen muß, aber in der pastoralen Arbeit bedacht sein will.

St. Thomas Morus

Thomas-Morus-Weg

Die Thomas-Morus-Kirche, abgepfarrtes „Kind" von St. Erpho, nimmt unter den fast 50 katholischen Gotteshäusern in der Stadt Münster eine Sonderstellung ein. Nicht nur des „modernen" Patronates wegen, das es im weiten Bistum Münster bis heute erst ein einziges Mal gibt. St. Thomas Morus ist die Kirche mit der jüngsten Gemeinde im Stadtgebiet; Dr. Reinhard Lettmann, damals Weihbischof der Region Münster/Warendorf, weihte sie im März 1974 ein. Thomas Morus wurde als „Mehrraumkirche" konzipiert (nicht zu verwechseln mit Mehrzweckkirche), die über eine „Cella" als festen Sakralraum verfügt, die aber nach zwei

In St. Thomas Morus hängt der Gekreuzigte an Stricken. Der Korpus (16./17. Jh.) stammt aus der Bodenseegegend.

Seiten hin beträchtlich erweitert werden kann – je nach Größe der gottesdienstlichen Gemeinde.

3500 Katholiken zählt die Pfarrei zwischen den beiden Bahnlinien nach Osnabrück und nach Emden. Ihr Territorium deckt sich in etwa mit dem Kerngebiet der ehemaligen Bauerschaft Kemper. Bischof Dr. Joseph Höffner gab Kaplan Hans Günther Jünemann, heute Pfarrer der Gemeinde, im Frühjahr 1965 den Auftrag zum Aufbau eines Seelsorgsbezirkes. Schon zwei Jahre später, am 1. März 1967, konnte die Erhebung zur selbständigen Pfarrei ausgesprochen werden.

Lange bevor der Gedanke an ein „richtiges" Gotteshaus konkret wurde, mußte sich die junge Gemeinde mit einer Behelfskirche (Pfarrer Jünemann: „Im Winter eiskalt, im Sommer bullig heiß") begnügen, die später noch als Jugendheim genutzt und im Juni 1981 abgerissen wurde. Fast neun Jahre lang – bis März 1974 – wurden hier die Gottesdienste gefeiert.

Kirchenvorstand und Pfarrkomitee machten es sich Ende der sechziger Jahre nicht leicht mit den Überlegungen, wie eine Kirche gebaut werden könnte, die einerseits den Kostenrahmen nicht überschritt (das Generalvikariat setzte damals eine runde Million als „oberste Grenze" fest), die aber andererseits allen Anforderungen gottesdienstlichen und gemeindlichen Lebens entsprach.

Am 11./12. Oktober 1969 war die entscheidene Abstimmung: „Nur-Kirche" oder „Mehrraumkirche"? Die Pfarrangehörigen entschieden sich – zu exakt 83,5 Prozent übrigens – für die letztere Lösung. Das Architektenteam Von Hausen/Rave setzte diese Konzeption ins Planerische um – eine zur Kirchweih veröffentlichte Festschrift formuliert das Anliegen so: „Keine Mehrzweckkirche, bei der man den Altar hinaussetzt und dann dort alles mögliche veranstaltet – nein, irgendwie müßte im Mittelpunkt ein Raum sein, der jedem zu jeder Zeit zu Gebet, Stille und Besinnung offenstünde, der eben nur Kirche wäre, umgeben von mehreren Räumen, in denen sich das Leben der Gemeinde abspielen könnte, von ernster Diskussion bis zu froher Runde. Und sonntags würden dann verschiedene Räume eine große Kirche für die große Gemeinde bilden, „Mehrraumkirche" könnte man sie nennen . . ."

Die Idee wurde Realität: St. Thomas Morus faßt in der „Cella" 100 Gläubige, kann aber auf rund 400 Plätze erweitert werden. Um den Altarraum gruppieren sich anstelle von Bänken Stuhlreihen mit Kniestufen. 1,5 Millionen Mark kostete das „Kirchenzentrum" mitsamt den umliegenden Räumlichkeiten (einschließlich Bücherei) und allem Inventar. Am 11. Juli 1971 war der erste Spatenstich erfolgt. Weihbischof Laurenz Bögering, der als Generalvikar schon die alte Notkirche eingeweiht hatte, legte im März 1972 den Grundstein, einen Sandstein aus dem zerstörten Paulus-Dom. Zwei Jahre später, am 16. März 1974, war Kirchweih.

Ein meisterlich gestaltetes Kirchenfenster (Joachim Klos) lenkt den Blick auf den Pfarrpatron Thomas More (latinisiert Morus). 1935 von Papst Pius XI. heiliggesprochen, ist „Thomas Morus im Bewußtsein unserer Gemeinde sehr lebendig" (Jünemann). Der 1478 in London Geborene war Lordkanzler unter König Heinrich VIII., fiel aber später in Ungnade und mußte im Tower zu London den Märtyrertod erleiden, als er sich zur unverbrüchlichen Treue zur römischen Kirche bekannte.

Schon mehrfach wandelten Gruppen aus Münster „auf den Spuren" des Heiligen Thomas Morus, wie die Fahrten nach England genannt werden. Der Pfarrer nicht ohne Stolz: „Wir sind es gewesen, die 1978 an seinem Grab die erste katholische Eucharistiefeier halten durften – in einer anglikanischen Kirche . . ."

Evangelische Kirchen

Adventskirche

Coerdestraße

Von der Opferbereitschaft und dem Fleiß der Diakonissen sprach damals ganz Münster: Monatelang führten die evangelischen Schwestern ihr Taschengeld ab, sie verzichteten auf Geburtstagsgeschenke und Weihnachtsgaben – bis sie schließlich eine Summe von fast 16 000 Mark beisammen hatten. Als dann die Hoffnung auf ein Gotteshaus konkrete Formen annahm, packten sie kräftig mit an, schaufelten Mutterboden vom künftigen Bauplatz weg und pickten schätzungsweise 10 000 Ziegelsteine ab, die von abgebrochenen Luftschutzmauern herrührten und für das Fundament gebraucht wurden. Bei soviel Einsatz blieb der Erfolg nicht aus – am dritten Adventssonntag des Jahres 1950, am 17. Dezember, konnte die evangelische Adventskirche des Diakonissenmutterhauses an der Coerdestraße eingeweiht werden.

Schon 1938/39 wurden erste Pläne geboren, für das evangelische Krankenhaus und das 1914 gegründete Diakonissenmutterhaus eine Kapelle oder kleine Kirche zu bauen. Der Krieg machte das Vorhaben jedoch vorerst zunichte, obwohl der „Kapellen-Fonds" bis zur Währungsreform bereits auf 120 000 Mark angewachsen war – durch viele kleinere und größere Spenden „gefüttert", vor allem bei den Feierlichkeiten zum 25jährigen Bestehen des Mutterhauses.

Ende Dezember 1949 endlich konnte der Baubeschluß gefaßt werden. Doch schien dem Verwaltungsrat wegen der noch unsicheren Wirtschaftslage höchste Vorsicht geboten, wie das Sitzungsprotokoll vom 10. März 1950 belegt: Der Kirchenbau solle in Angriff genommen werden „mit der Maßgabe, daß Aufträge nur insoweit vergeben werden dürfen, als Mittel vorhanden sind". Dem Architekten Bernhard Hopp (Hamburg) wurde zur Pflicht gemacht, „fest umrissene Bauabschnitte" vorzusehen, damit „durch eine etwaige finanziell bedingte zeitweilige Einstellung des Baus eine Beeinträchtigung des bereits ausgeführten Bauteiles nicht eintreten kann".

Doch derlei Sorgen erwiesen sich bald als unbegründet. Denn die benötigte Bausumme von annähernd 140 000 Mark kam auf Heller und Pfennig zusammen – zum größten Teil aus Orten, in denen Diakonissen arbeiteten. Mit Genugtuung konnte bei der Einweihung vermerkt werden, daß „weder Staat noch Kirche einen finanziellen Zuschuß zu diesem Werk gegeben haben, sondern daß es im wesentlichen Opfergaben der Schwestern und Freunde der Diakonissenanstalt gewesen sind, die das Werk ermöglichten". Allein durch den Verkauf von „Bausteinen" waren 26 000 Mark zusammengekommen, so daß die Westfälischen Nachrichten in Münster 1950 schreiben konnten: „Die Geschichte dieses Bauwerks ist die Geschichte selbstloser gegenseitiger Hilfe und Liebe der evangelischen Christen untereinander."

Am 1. Mai 1950 hatte der geistliche Rektor und Vorsteher des Mutterhauses, Prof. Dr. Helmut Schreiner, den ersten Spatenstich vorgenommen, am zweiten Pfingsttag war die Grundsteinlegung. Am 25. Juli konnte bereits das Richtfest gefeiert werden. Die Diakonissen erhielten so manche Belobigung. Die WN damals: „Die Arbeiter ließen durch ihren Ältesten verlauten, daß sie in ihrer langen Praxis noch nie auf einer Baustelle gewesen seien, wo in solch mütterlicher Art und Weise für sie gesorgt wurde, sei es, daß morgens zum Frühstück der Kaffee schon da war, oder sei es, daß in den heißen Tagen zur richtigen Zeit eine Flasche Bier zur Hand war..."

1975 ist die Adventskirche gründlich renoviert worden. An die Schlichtheit des sakralen Raumes wurde nicht gerührt: Er sollte weiterhin, wie der Architekt 25 Jahre zuvor formuliert hatte, zugleich „Niedrigkeit und Herrlichkeit" widerspiegeln. Eine (un)bewußte Anlehnung an den Berufungsauftrag der Diakonissen? Vielleicht. Die evangelischen Schwestern – rund 80 leben gegenwärtig im Mutterhaus – verstehen sich in ihrer Arbeit für den alten, kranken oder behinderten Menschen und in der Ausbildung und Erziehung Jugendlicher als „Lebens-, Glaubens- und Dienstgemeinschaft", als Menschen, die „gerufen wurden und sich senden ließen" (Oberin Margarete Jüngling).

Andreaskirche

Breslauer Straße, Coerde

Der Pfarrer der evangelischen Kirchengemeinde Coerde, Jürgen Hülsmann, muß über die Begebenheit noch heute schmunzeln: Als er sich Ende 1968 anschickte, in Coerde beruflich Anker zu werfen, und sich den Ort seiner zukünftigen Seelsorgetätigkeit schon einmal ansehen wollte, fuhr er wie automatisch vor der damals gerade ein Jahr jungen St.-Norbert-Kirche vor. Nein, nein, wiesen ihm einige Einheimische korrigierend den Weg, das funkelnagelneue schöne Gotteshaus sei die katholische Pfarrkirche St. Norbert, die evangelische Andreaskirche sei jene unscheinbare Barackenkirche dort. „Ganz schön desillusionierend . . ."

Nun, diese Zeit ist vorüber. Der große städtische Platz vor St. Norbert mit seinem freistehenden Kirch-Campanile eröffnet heute zugleich den Blick auf die neue evangelische Andreaskirche, das jüngste Coerder Gotteshaus (Tag der Einweihung: 12. September 1982). Nur rund 100 Meter vom katholischen „Nachbarn" entfernt, ist die hypermoderne Mehrzweckkirche bestimmender Teil eines großzügigen Gemeindezentrums mit zahlreichen Versammlungs- und Arbeitsräumen und einer Diakoniestation. Fast zwei Jahrzehnte lang hatte die Gemeinde zuvor mit dem Provisorium „Notkirche" vorliebnehmen müssen.

Die Andreasgemeinde ist eine junge Gemeinde. Die ersten Evangelischen kamen in den fünfziger Jahren nach Coerde – bei der Besiedlung des Westteils (Altcoerde). Anfang der sechziger Jahre wuchs ihre Zahl mit der Entstehung von Neucoerde im Zeichen des Baubooms so sehr an, daß seelsorgliche Konsequenzen bald unausweichlich wurden. Die evangelischen Christen gehörten damals zur Apostelkirchengemeinde. In Coerde wurden zu dieser Zeit die ersten Sonntagsgottesdienste in der alten Coerder Schule abgehalten.

Zu einem großen Festtag geriet dann der 2. Mai 1965: Die Andreaskirche an der Breslauer Straße wurde eingeweiht, ein einstöckiger Pavillonbau mit Flachdach – eine Barackenkirche, Fertigbaukirche, Notkirche, wie auch immer. Eine niederländische Firma hatte sie binnen drei Monaten aus vorgefertigten Holzteilen zusammengebaut. Niemand konnte damals ahnen, daß dieser Technobau mehr als 17 Jahre Dienst tun würde – bis zum Jahr 1982. Bei der Einweihung war von einer „Übergangslösung" die Rede gewesen.

Am 1. Januar 1966 konstituierte sich der fünfte Pfarrbezirk der Apostelgemeinde zur Evangelischen Markuskirchengemeinde, zu der neben Kinderhaus auch Coerde gehörte. Doch schon zum 1. Oktober 1968 genehmigte die Kirchenleitung in Bielefeld die Errichtung einer zweiten Pfarrstelle, denn die Zahl der Gemeindeglieder in Coerde hatte die in Kinderhaus inzwischen übertroffen. Anfang Oktober wählte das Presbyterium Jürgen Hülsmann zum ersten Pfarrer. Bis dahin hatte Pastor Roelf Lindig als Hilfsprediger in Coerde gearbeitet.

Pfarrer Hülsmann sieht die bescheidenen Anfänge der Andreasgemeinde ausgesprochen positiv. „Wir hatten die Chance, ganz bei Null anzufangen. Es gab keine Vorbilder, die wir nachzuahmen oder zu kopieren gehabt hätten." Die evangelischen Christen von Coerde, „auf dem Papier eine klar lutherische Gemeinde" (Hülsmann), begriffen sich schon bald als „unierte" Gemeinde, in der Lutheraner wie Reformierte eine Gemeinschaft bildeten. Besonders wichtig erschien ihr ein kontinuierlicher, sukzessiver Aufbau des kirchlichen Gemeinwesens. Dem Bau der ersten Kirche (1965) folgten in unmittelbarer Nachbarschaft zunächst ein Kindergarten (1969), dann ein Haus der offenen Tür (1973), das erste dieser Art in Münster.

Die siebziger Jahre waren geprägt von mannigfaltigen Planungen eines Kirchenneubaus als Ersatz für die hölzerne, nur begrenzt haltbare Barackenkirche. 1972 hatte die Andreasgemeinde ihre Selbständigkeit erhalten. Von Anfang an sollte die neue Kirche Teil eines multifunktionalen Gemeindezentrums werden. Anstelle eines „wenig genutzten und teuren Sakralraumes" müsse ein „variabler Komplex von mehrfach nutzbaren und deshalb billigeren Räumen" geschaffen werden, lautete das Argument.

Architekt Lothar Kallmeyer, der später den „Zuschlag" erhielt: „Die Zeit der Kathedralen als Abbilder des himmlischen Jerusalem ist versunken." In der Andreaskirche, die auf verschiedene Weise unterteilbar ist, kann sich nach diesem Konzept „alles abspielen, was angesichts des Altars möglich ist", betont der Pfarrer. Kirchenzentrum als „Erlebnislandschaft" für die Gemeinde . . .

Die Baukosten für Kirche, Gemeinderäume und Sozialstation: rund 2,4 Millionen Mark. Die 3250 evangelischen Christen von „Andreas" in Coerde können zwar keinen Kirchturm ihr eigen nennen, doch nimmt die Stelle eines Glockenträgers ein „Glockentor" ein, das an das alte westfälische „Deelentor" erinnert. So wird die 80 Meter lange Front des Gemeindezentrums – vom HoT bis zur Diakoniestation – mit einem originellen architektonischen Akzent aufgelockert. Die einzige Glocke läßt sich von Hand bedienen – die Ehrenaufgabe der Konfirmanden . . .

Apostelkirche

An der Apostelkirche

Die älteste rein gotische Hallenkirche Münsters wirkt auf den ersten Blick fast unscheinbar. Doch die schlichten Bauformen, das bescheidene äußere Erscheinungsbild und nicht zuletzt das Fehlen eines Kirchturmes weist die evangelische Apostelkirche an der Neubrückenstraße als alte Klosterkirche aus. Die Minoriten (fratres minores – mindere Brüder), ein Zweig der Franziskaner-Gemeinschaft, gründeten an dieser Stelle Mitte des 13. Jahrhunderts einen Mönchskonvent. Das vom Dom und der Stadtpfarrkirche St. Lamberti nicht weit entfernte Gotteshaus gilt als die älteste Minoritenkirche Westfalens.

In vielem ist die klosterkirchliche Anlage der Franziskaner-Minoriten noch heute zu erspüren. Da nach den hochmittelalterlichen Ordensstatuten Glockentürme nicht erlaubt waren, mußten sich die Klosterbrüder mit dem für Kirchen der Prediger- und Bettelorden charakteristischen Dachreiter bescheiden (die drei Amsterdamer Glocken von 1675 sind das einzige geschlossen erhaltene historische Geläut Münsters). Aber auch an dem nur aus Bruchstein mit Werksteinanteilen errichteten „Kernbau" der Apostelkirche ist noch heute zu erkennen, daß die Klosterkirche im Ursprung asymetrisch zweischiffig angelegt war und nur aus dem langen Mönchschor und den sechs Jochen des Mittel- und südlichen Seitenschiffes bestand. Hinter einer durchgehenden Nordwand lagen Kreuzgang und die weiteren Klostergebäude.

Eng aufeinanderfolgende Gewölbejoche mit Renaissance-Ausmalung sind für die Apostelkirche charakteristisch.

Manchen älteren Münsteranern ist aus Gesprächen mit ihren Großeltern noch geläufig, daß die frühgotische Kirche Anfang des vorigen Jahrhunderts schlicht „Garnisonskirche" genannt wurde: Die Minoriten mußten im Zuge der Säkularisierung die Klosteranlage verlassen, nachdem Blücher mit seinen preußischen Truppen 1802 vom Münsterland Besitz ergriffen hatte: Kloster und Mönchschor wurden zur Kaserne umfunktioniert; das Langhaus diente den Gottesdiensten des preußischen Militärs sowie den Lutheranern und Reformierten. Bis auf einige eichene Chorbänke aus dem Spätbarock wurde die gesamte Einrichtung verkauft oder vernichtet. 1840 ging die Garnisonskirche ganz in den Besitz der evangelischen Zivilgemeinde über. Der neue Eigentümer brach das baufällig gewordene Klostergebäude um 1860 ab.

Das dreischiffige Gotteshaus mit seinen eng aufeinanderfolgenden Gewölbejochen bezieht seine besondere Wirkung als langgestreckte gotische Halle aus der geschlossenen Einheitlichkeit, obwohl die Kirche in drei weit auseinanderliegenden Bauphasen entstanden ist: Die beiden Erweiterungen nach Westen (um 1508) und nach Norden (zur Zeit des Fürstbischofs Christoph Bernhard), eine Art „Aufstockung" des Kreuzgangs, ermöglichten erst den heutigen in sich schlüssigen Raumeindruck.

1936 erregte die Apostelkirche über kunsthistorische Kreise weit hinaus großes Aufsehen, als bei Restaurierungsarbeiten umfangreiche Gewölbemalereien entdeckt wurden, von denen bis dahin nichts bekannt war. Sie beginnen um 1500, zeigen die ganze Entwicklung einheimischer Renaissance-Malerei und reichen bis ins Barock des 17. Jahrhunderts. Sehr schön stilisierte, weitausladende Ranken mit Weinblättern, dekorative Zwickelmalereien, figürliche Renaissance-Ornamente (Doppeladler, Bogenschütze): Der frühere Provinzial-Konservator Rave nannte die zeichnerische Jochausstattung „in ihrer bunten Gesamtheit das interessanteste und bedeutendste Beispiel einer kirchlichen Renaissance-Ausmalung".

Wertvolle figürliche Gewölbemalereien von 1552 sind in den beiden letzten Kriegsjahren verlorengegangen. Die Apostelkirche war mehrfach schwer getroffen, das westliche Drittel des Langhauses im Mittel- und Seitenschiff unter den Sprengbomben zusammengebrochen. Vieles von dem bereits für immer verloren Geglaubten konnte in beharrlicher Kleinarbeit (1947 – 1949/1953 – 1956/1962/63) wieder aufgebaut werden. Die neue Ausstattung des Chores (nach vorn gerückter Altartisch aus Anröchter Sandstein, mooreichenes Kreuz, Meditationsscheibe zum Thema „Schöpfung") schuf 1975 der Beckumer Künstler Heinz Gerhard Bückcr. Ganz neu (1979) ist der Taufstein im nördlichen Seitenschiff – die silberne Taufschale aus der Epoche Carl Friedrich Schinkels zeigt die Taufe Jesu im Jordan.

„Die Dimension der Zusammengehörigkeit ist schwach entwickelt", sagt Pfarrer Johann Friedrich Moes bisweilen,

wenn es um das Verhältnis vieler evangelischer Gemeinde-mitglieder zu „ihrer" Apostelkirche geht. Zum einen habe die Gemeinde „Teil an den Kümmernissen einer City-Kirche": Rückgang der Familien, Überalterung, relativ wenige Täuflinge und Konfirmanden. Dem ständen auf der anderen Seite wieder sehr gut besuchte „zentrale" Veranstaltungen" gegenüber: vom festlichen Gottesdienst bis zum kirchenmusikalischen Chorkonzert („dann quillt die Kirche über").

Hervorzuheben sind die guten ökumenischen Beziehungen zur Nachbargemeinde St. Martini.

Auferstehungskirche

Heinrich-Lersch-Weg

(Lageplan Nr. 51)

Daß dieses Gotteshaus mittlerweile ein gutes Vierteljahrhundert auf dem „Buckel" hat, sieht man ihm nicht an. Die evangelische Auferstehungskirche unweit von Umgehungs- und Wolbecker Straße hat ihren schon vor der Einweihung im Februar 1957 allenthalben gelobten „Charme", ihre Ausstrahlung bis heute wahren können. Charakteristisch für den von Professor Thulesius (Braunschweig) entworfenen Sakralbau ist die breite westliche Fassade aus holländischen Klinkern, die sich nach oben mit dem von drei freihängenden Glocken geschmückten Kirchturm gewissermaßen „verschmelzt".

Wer die Kirche betritt, findet hier überraschend viele Zeichen und Symbole für den österlichen Namen des 27 mal 20 Meter großen, eliptisch angelegten Gotteshauses. Da ist zunächst das große Rosettenfenster an der Eingangsseite, eine Arbeit des Graphikers Franz Corne, die das „Lamm mit Siegesfahne" zeigt. Im Gemeindesiegel findet sich übrigens dasselbe Motiv. Für den Altar hat die Gemeinde ein Antependium angeschafft mit einem handgestickten Bild des auferstandenen Christus am Grabe.

Neben dem Altarkreuz („Osterkreuz") weist auch ein schwerer Pultstein, der ganz in der Nähe des Leuchters für die Osterkerze in die Wand eingelassen wurde, auf Tod und Auferstehung des Gottessohnes hin: Da hier ein Buch mit den Namen der Gefallenen und Verstorbenen ausliegt, ist als Inschrift das Messiaswort zu lesen: „Ich lebe – und auch ihr sollt leben." Selbst eine der Silvester 1959 „eingeläuteten" Glocken trägt die Bronze-Gravur „Ich bin die Auferstehung und das Leben".

Es war 1956 eine Anregung des Presbyters Oskar Müller gewesen, dem neuen evangelischen Gotteshaus im Osten der Stadt den Namen „Auferstehungskirche" zu geben. In weit frühere Jahre reichen die Bemühungen, jenseits des Kanals eine Kirche für die evangelischen Christen zu errichten. Erste Gottesdienste fanden nämlich schon 1936 im später abgebrochenen „Sportheim" am Laerer Landweg statt – etwa dort, wo heute das „Johannes-Busch-Haus" in der Trägerschaft des CVJM steht. 1940 wurden hier zum erstenmal sechs Jugendliche konfirmiert.

Die erste Initiative für den Kirchbau ging von Pastor Schütz von der Erlösergemeinde aus: Die Zahl der evangelischen Christen war wegen der zahlreichen Neubaugebiete so stark angewachsen, daß ein neues Gotteshaus immer dringlicher wurde. Im Mai 1952 konstituierte sich im „Heidekrug" ein Kirchbauverein. Ihm gelang es, schon in kurzer Zeit die stattliche Summe von 30 000 Mark auf die „hohe Kante" zu legen. Unermüdlich trug er Spende um Spende zusammen, regte die aktive Mitarbeit an und sorgte dafür, daß das Kirchbauprojekt ein Anliegen aller wurde.

Zwischen Weihnachten und Silvester 1955 rollte der Bagger zum Ausschachten an. Die Grundsteinlegung war Ostern 1956 – bei äußerst scharfem Wind übrigens, wie sich ältere Gemeindeglieder noch gut erinnern können, der die im Freien stehenden Gläubigen nur mit Mühe ausharren ließ. Am Sonntag Invokavit 1957 konnte der Präses der Evangelischen Kirche von Westfalen, D. Ernst Wilm, nach nicht einmal einjähriger Bauzeit, die Einweihung vornehmen. Ein langer Zug bewegte sich damals von der Margaretenschule (im Volksmund: „Bunkerschule"), wo seit Anfang der fünfziger Jahre die Gottesdienste stattgefunden hatten, zur neuen Kirche im Schnittpunkt von Laerer Landweg und Heinrich-Lersch-Weg. Presbyter trugen die Altarbibel und das Abendmahlsgerät voran. Die erste Kollekte im neuen Gotteshaus wurde für den „kirchlichen Wiederaufbau in Rostock" gehalten.

Pastor Heinrich Adler ist von Superintendent Georg Gründler als erster Pfarrer des selbständig gewordenen 8. Pfarrbezirks der Kirchengemeinde Münster eingeführt worden. Bis dahin hatten Hilfsprediger „Randbezirke" wie diese seelsorglich versorgt. Pfarrer Hans-Jürgen Warneke steht der Auferstehungsgemeinde seit 1969 vor. Der Pfarrbezirk zählt 3570 evangelische Christen. 70 ehrenamtliche sowie mehr als zehn haupt- und nebenamtliche Mitarbeiter stehen ihm in den verschiedenen Einrichtungen zur Seite – vom Kindergarten bis zur „Altenstube": „Es herrscht bei uns ein erfreulich aktives und vielseitiges Gemeindeleben für alle Altersstufen . . .

Christuskirche

An der Christuskirche, Hiltrup

(Lageplan Nr. 52)

Nicht jede evangelische Kirchengemeinde in Münster kann ein so schmuckes, äußerlich beinahe trutziges, im Innern aber anheimelnd wirkendes und atmosphärisch gelungenes Gotteshaus ihr eigen nennen wie die beiden Pfarrbezirke Hiltrup-Ost und Hiltrup-Mitte/West: Die Christuskirche an der Hülsebrockstraße, ein „Kind" des Architektenteams Bernd Kösters/Herbert Balke, ist ein zugleich Feierlichkeit und kontemplative Ruhe ausstrahlender Sakralbau. 1970 eingeweiht, bildet die Kirche mit dem angebauten Gemeindesaal (1970), mit Kindergarten (1971), Pfarrhaus (1972) und dem neuen Jugendheim (1981) ein funktionsgerechtes, Gemeinschaft stiftendes Zentrum für die evangelischen Christen von Hiltrup.

Nicht, daß die Geschichte der Gemeinde erst ein gutes Dezennium währte: Alt-Hiltruper wissen noch von den regelmäßigen Bibelstunden, später Gottesdiensten, zu berichten, die von 1910 ab im Haus des 1957 gestorbenen Professors Nübel an der Klosterstraße 12 stattgefunden haben. Schon 1914 mußten die Gottesdienste im „Diaspora-Ort Hiltrup" (so ein zeitgenössischer Situationsbericht) in einen Klassenraum der alten Clemensschule an der heutigen Patronatsstraße verlegt werden, weil die Zahl der Evangelischen in Hiltrup deutlich angestiegen war.

Eigentlich deutete sich schon damals an, daß dereinst ein eigener Kirchbau nötig werden würde. Doch es dauerte bis zum Jahre 1932, daß an der Münsterstraße (heute Hohe Geest) unweit des Hiltruper Krankenhauses ein kapellenartiges Kirchlein eingeweiht werden konnte. Der damalige Generalsuperintendent Weirich nahm die Weihe vor. Schon 1927 war ein 4000 Quadratmeter großes Grundstück erworben worden.

Mit großem Eifer hatte sich der Kirchbauverein für den Bau eines Gotteshauses eingesetzt und sich auch durch die Weltwirtschaftskrise am Ende der durchaus nicht immer „goldenen Zwanziger" nicht irre machen lassen. Als ein verhältnismäßig preisgünstiger Bauunternehmer gefunden war, konnte mit der Errichtung eines „einfachen Baus für 27 500 Reichsmark einschließlich Inneneinrichtung" begonnen werden, wie es in der Grundstein-Urkunde vom 16. Juli 1932 heißt.

Annähernd vier Jahrzehnte hatte dieses Gotteshaus im Herzen des alten Hiltrup Bestand. Erst, als die neue Christuskirche, die mit über 340 Sitzplätzen mehr als doppelt so viele Gläubige faßt, fertig war, wurde die bisherige evangelische Kirche abgebrochen – Anfang der siebziger Jahre.

1940 wurde Hiltrup offiziell zum Pfarrbezirk der Kirchengemeinde Münster erhoben und erhielt ihren ersten eigenen Pfarrer. Das weite Umland von Münster – von Telgte bis Altenberge, von Drensteinfurt bis Havixbeck – gehörte damals zum Pfarrbezirk Hiltrup. Durch starken Zustrom heimat- und obdachlos gewordener Menschen schnellte die Zahl der Gemeindemitglieder in den Nachkriegsjahren von rund 1200 auf über 20 000 (!) an. Wilhelm Spieker, von 1946 bis 1977 Pfarrer der evangelischen Gemeinde, setzte sich mit Erfolg für die Abtrennung weiterer Pfarrbezirke ein, um die seelsorgliche Betreuung sicherzustellen.

Die neue Christuskirche an der Hülsebrockstraße genehmigte das Landes-Kirchenbauamt in Bielefeld im Mai 1969. Bereits im September gingen die Ausschreibungen heraus, und Mitte Dezember 1969 war schon Richtfest. Den Auftrag für die künstlerischen Arbeiten erhielt der Bildhauer Stangier aus Telgte. Oberlandeskirchenrat Dr. Danielsmeyer weihte das Gotteshaus am 1. November 1970 ein. Am Vortag, dem Reformationsfest, hatten in der alten Kirche an der Münsterstraße zwei Abschiedsgottesdienste stattgefunden.

Die Christuskirche liegt sehr zentral inmitten der beiden Hiltruper Pfarrbezirke Ost (Pfarrer Johannes Krause-Isermann) und Mitte/West (Pfarrer Volker Plath). Durch die Neubaugebiete hat sich der Siedlungsschwerpunkt vom ehemaligen Zentrum weg verlagert.

Christuskirche

Dirk-von-Merveldt-Straße, Wolbeck (Lageplan Nr. 53)

Das war ein großer Tag in der Geschichte der evangelischen Kirchengemeinde Wolbeck: Am 4. Juli 1965 konnte die Diasporagemeinde, wie sie sich zu nennen pflegte, erstmals nach mehr als 45 Jahren der Dauerprovisorien eine „richtige" Kirche in gottesdienstlichen Besitz nehmen. Zwei Jahre zuvor, am Tag der feierlichen Grundsteinlegung, dem 21. Juli 1963, hatte die Gemeinde der Nachwelt im Urkundstext mit einem Schriftwort hinterlassen, warum das Gotteshaus fortan „Christuskirche" heißen sollte: „Einen anderen Grund kann niemand legen – außer dem, der gelegt ist, welcher ist Jesus Christus".

Wolbecks Amtsbürgermeister erinnerte am Tag der Kirchweihe in einer Tischrede daran, daß in seiner Kindheit noch kein einziges evangelisches Kind der hiesigen Schulgemeinschaft angehört habe. Und tatsächlich: Erst 1919 begann sich im damals „stramm" katholischen Wolbeck zaghaft erstes gemeindliches Leben evangelischer Konfession zu rühren, wie die Annalen ausweisen. Am 25. Februar 1920 fand im

Optischer Mittelpunkt der Wolbecker Christuskirche ist die Altarinsel vor bleiverglasten Fenstern.

Haus des Hegemeisters Hansch am Tiergarten durch Hilfsprediger Jürgensmeyer der erste Gottesdienst statt.

Alle drei Wochen fanden nun Zusammenkünfte statt, später wurde auch das Abendmahl gefeiert. Die Chronik zu diesem ersten Mittelpunkt gemeindlichen Lebens: „Seine reizende Lage, der helle, anheimelnde Wohnraum mit dem Harmonium, waren wichtige äußere Vorzüge, und der Geist seiner Bewohner hielt Eifer und Freude am evangelischen Bekenntnis und ein treues Zusammenhalten hoch, so daß die Gemeindeglieder bald eine große Familie bildeten". Nach dem Wegzug der Familie Hansch stellte der Fabrikant Ernst Theopold in seiner Fabrik (!) am Hiltruper Weg einen Raum zur Verfügung. Durch zahlreiche Spenden und Stiftungen wurde das liturgische Inventar angeschafft – vom silbernen Kerzenleuchter bis zur gestickten Altardecke. Verschiedene Hilfsprediger taten in den nächsten Jahren Dienst. 1924 wurde in dem Kirchenraum die erste Trauung vollzogen, im Jahr darauf das erste Kind getauft.

Nach dem Zweiten Weltkrieg waren die evangelischen Gottesdienste zunächst einige Jahre in Schulräumen. Von 1948 an stellte Graf von Merveldt den evangelischen Christen, die damals zu rund 90 Prozent aus Flüchtlingen und Heimatvertriebenen bestanden, einen Saal im historischen Drostenhof zur Verfügung. 17 Jahre lang fand die Gemeinde hier ihre gottesdienstliche Heimat.

Nachdem in der sehr weitläufigen Kirchengemeinde Wolbeck 1952 die Friedenskirche in Angelmodde-Gremmendorf und 1956 die Gnadenkirche in Albersloh erbaut worden war, konnte der evangelische Kirchenkreis Münster Anfang der sechziger Jahre daran gehen, für den Ort Wolbeck selbst ein Gotteshaus mit Jugendheim zu planen. 1954 war die Wolbekker Kirchengemeinde, die von Gremmendorf weit über Albersloh hinaus in den Sendener Raum hineinreichte, selbständig geworden. Der erste Pfarrer: Franz Drews.

Den Architektenplan fertigte der bekannte Trierer Professor Heinrich Vogel (er schuf auch die Lucaskirche am Coesfelder Kreuz), die örtliche Bauleitung hatte Dipl.-Architekt H. Füssmann. Auf rund 250 000 Mark war der Kirchneubau am Eckpunkt von Dirk-von-Merfeldt-Straße und Jochen-Klepper-Straße veranschlagt. Nach der Grundsteinlegung im Sommer 1963 im Beisein von Superintendent Martin Braun wurde die Christuskirche nach exakt zweijähriger Bauzeit fertiggestellt. Am 4. Juli 1965 gab der Präses der Evangelischen Landeskirche von Westfalen, D. Ernst Wilm (Bielefeld), dem Sakralbau die kirchliche Weihe. Nach einer Abschiedsandacht in der Schloßkapelle des Drostenhofes zog die Gemeinde in feierlicher Prozession zur neuen Kirche.

Die Christuskirche, auf quadratischem Grundriß erbaut, fügt sich mit ihrem zeltartigen Dach gut ins Wolbecker Ortsbild ein. Die Verkleidung mit hellen Holzschindeln trägt in ihrem Innern zu einer gewissen optischen Weite bei.

Innenarchitektonische Dominante ist der schlichte, gleichwohl beeindruckende Altarstein aus italienischem Marmor.
Bleiverglaste Fenster und weitere „Luken" bewirken einen
angenehmen Lichteinfall.

Fast zwei Jahrzehnte nach der Fertigstellung wünscht die
Kirchengemeinde Wolbeck, von der Anfang 1979 die Frie-
densgemeinde abgetrennt wurde, zu der aber weiter Angelmodde-Dorf und Albersloh gehören, nun eine Vergrößerung
des Gotteshauses. Pastor Rolf Scheiberg, Nachfolger des

damaligen „Baupfarrers" Drews, schwebt ein Anbau vor, der
einerseits dem zu klein gewordenen Gotteshaus „zugeschla-
gen" werden könnte und der andererseits dem gesteigerten
Raumbedarf der Gemeinde Rechnung trägt. Ob Jugendgruppen, Frauenhilfe, Konfirmandenunterricht oder Arbeitskreis
Helfende Gemeinde: „In den wenigen Räumen können wir
unsere Aktivitäten nicht entfalten, und das ist schade" (Scheiberg). Über 85 000 Mark hat die Wolbecker Christuskirchen-
gemeinde schon auf die hohe Kante gelegt...

Epiphaniaskirche

Kärntner Straße

Schon von weitem grüßt der hoch aufragende schlanke Kirchturm. Kaum zu glauben, daß der „Finger Gottes" von 34 Metern Höhe, ein Campanile auf achteckigem Grundriß, einst 330 Kubikmeter Beton und 25 Tonnen Stahl verschlungen hat. Indes: Gar so lang ist dieses „einst" nicht einmal her: Am 9. Juni 1963 wurde die Epiphaniaskiche an der Kärntner Straße eingeweiht. Der Sendungsbefehl Christi, so interpretierte damals der Präses der evangelischen Kirche von Westfalen, D. Hans Thimme, in seiner Predigt, bedeute nichts anderes, als daß die Kirche „sich dorthin aufmachen muß, wo die Menschen sind, also auch in die Stadtrandgebiete und Siedlungen ..."

Und das war durchaus wörtlich zu verstehen. Im Gebiet zwischen Dortmund-Ems-Kanal, Warendorfer Straße und Bahnstrecke Münster-Rheine hatte die Wohnbebauung in den fünfziger Jahren derart zugenommen, daß auch der Bau eines neuen Gemeindezentrums mit Kirche dringend geboten schien. So faßte die evangelische Kirche schon früh den Beschluß, hier einen neuen Mittelpunkt des geistlichen und seelsorglichen Lebens zu schaffen. Zu weit war der Weg der zugezogenen Familien hin zur Erlöserkirche, der 1900 eingeweihten „Mutter" der Epiphaniaskirche, geworden. Im Frühjahr 1958 kaufte die Kirchengemeinde zwischen Kärntner Straße, Pötterhoek und Dammeweg ein 4550 Quadratmeter großes Grundstück.

Den Architektenwettbewerb entschied Dipl.-Ing. Hanns Hoffmann aus Münster für sich, der auch den Entwurf für die Gnadenkirche geliefert hatte. Am 6. Januar 1962, am Fest Epiphanias, wurde der Grundstein für den Kirchbau „zur Ehre des dreieinigen Gottes" gelegt, wie es einleitend in der Urkunde hieß. Schon ein halbes Jahr später, am 4. Juli, konnte Richtfest gefeiert werden.

„War schon der Tag der Grundsteinlegung trübe und nebelig gewesen, so drohten auch am Richttag dunkle Wolken über dem hellen neuen Gebälk des Kirchbaus", berichtete später das Synodalblatt. Und, daß der Wind manches Wort des aus 14 Metern Höhe gehaltenen Richtspruches buchstäblich „verweht" habe ...

Am Sonntag Trinitatis, dem 9. Juni 1963, konnte dann das neue Gotteshaus feierlich eingeweiht werden, nicht bevor der Glockenturm mit einem „reich klingenden fünstimmigen Geläut" (so der Pastor damals) melodisch mit Leben erfüllt worden war. 612 000 Mark mußte die Kirchengemeinde für den Kirchenbau – einschließlich Turm und Innenausstattung – aufbringen. Was wohl kaum ohne die rührige Mithilfe eines Kirchbauvereins möglich gewesen wäre, der 1960 annähernd 300 Mitglieder zählte.

Die Epiphaniaskirche ist vom Architekten als Zentralkirche mit verschobenem Mittelpunkt geplant worden. Im Unterschied zu vielen Längsbauten ist sie ein Querraum auf sechseckigem Grundriß, in dem die Gemeinde (400 Sitzplätze) fast halbkreisförmig um Altar, Kanzel und Taufstein sitzen kann. Die beiden Giebelwände aus rotem Ziegel wurden „aufgefaltet", Gedämpftes Licht fällt durch ein umlaufendes und dann an vier Eckpunkten der Kirche in Senkrechten zum Boden herabgleitendes Lichtband aus farbigem Betonglas in das Gotteshaus. Für die Dachkonstruktion wurden verleimte Holzbinder verwendet, die Innenvertäfelung ist aus Red-Pine-Holz. Altar, Kanzel und Taufstein sind aus Eifel-Tuffstein gefertigt.

Die Epiphaniaskirche mit ihren Pfarrbezirken I (Pfarrer Richard Hilge) und IV (Pfarrer Hans Christoph Schmidt-Ehmcke) gehören auch heute noch zur großen Erlöserkirchengemeinde. 6000 evangelische Christen wohnen in diesen Bezirken. Die beiden Pastoren brauchen sich „nicht als Einzelkämpfer vorzukommen" (Schmidt-Ehmcke). So verschieden die seelsorglich-pastoralen Schwerpunkte sind – von der Gestaltung szenischer Gottesdienste mit Jugendlichen bis hin zu einer weit verzweigten Altenarbeit –, so dürfen sie sich immer wieder von der Epiphaniasgemeinde angenommen und unterstützt fühlen. „Das ist ein Stück Ermutigung. Man hängt nicht in der Luft ..."

Erlöserkirche

Friedrichstraße   (Lageplan Nr. 55)

Ältere Münsteraner, die das Unheil des letzten Krieges in ihrer Vaterstadt miterlebt haben, können sich gut erinnern: Es war am Freitag vor Pfingsten im Jahre 1943, als die evangelische Erlöserkirche am Servatiiplatz, ein noch ganz im neugotischen Stil des 19. Jahrhunderts erbautes Gotteshaus mit einem Kirchturm von 52 Metern Höhe, in Schutt und Asche versank. Wer heute vor der Erlöserkirche steht, die am Reformationstag (31. Oktober) des Jahres 1900 eingeweiht wurde, muß schon genau hinschauen: Der auf 15 Meter abgesenkte massige Turmstumpf ist allein noch übriggeblieben von dem einst 40 Meter langen, einschiffigen Hallenbaukörper, zu dessen Konsekration 1900 Ihre kaiserliche Hoheit, Auguste Viktoria, persönlich nach Münster kam...

Das älteste evangelische Gotteshaus, die gotische Apostelkirche (1840 als Garnisonskirche für das preußische Militär in den Besitz der evangelischen Zivilgemeinde übergegangen), war mehr als 500 Jahre Klosterkirche der Franziskaner-Minoriten. Somit ist „Erlöser" das älteste, tatsächlich als evangelische Kirche erbaute Gotteshaus in der Stadt Münster. Auf 275 000 Mark beliefen sich damals die Kosten für den vom Königlichen Kreisbauinspektor Held entworfenen Sakralbau – Einrichtung, Orgel und Glocken eingeschlossen. Kaiser Wilhelm II. finanzierte ihn mit einem „Gnadengeschenk" in Höhe von 80 000 Mark mit. 1891 war vom Eisenbahnfiskus ein Grundstück zwischen Eisenbahn- und Friedrichstraße erworben worden. Im Oktober 1898 fand die Grundsteinlegung statt, gut zwei Jahre später die Einweihung.

Die evangelischen Christen Münsters faßten den Kirchbau als einen „Meilenstein" in der Geschichte ihrer Gemeinde in

Die Holzkonstruktion des Dachstuhls der Erlöserkirche weist das Gotteshaus als „Bartning-Bau" aus.

der katholischen Hauptstadt Westfalens auf, wie eine zeitgenössische Chronik seiner Zeit bemerkte. Mitte des vorigen Jahrhunderts hatte die Zahl der Seelen noch knapp 2000 betragen, 1890 lag sie dann schon bei 6000 und erreichte zur Jahrhundertwende schließlich rund 10 000. Die Apostelkirche faßte die evangelischen Christen schon längst nicht mehr.

Daß bereits fünf Jahre nach Ende des Zweiten Weltkrieges in den Zeitungen von der „schönsten und größten Notkirche Bartningscher Art in Deutschland" die Rede war (so im März 1950 auch in den Westfälischen Nachrichten in Münster), hat seinen besonderen Grund: Da das völlig zerstörte Gotteshaus in alter Form nicht wiederaufzubauen war, setzte die Gemeinde alles daran, eine von 48 Notkirchen der gleichen Art „abzubekommen", die die amerikanische Sektion des Lutherischen Weltbundes nach dem Entwurf von Prof. Dr. Otto Bartning in allen vier Besatzungszonen Deutschlands stiften wollte. Es gelang! Prof. Bartning überreichte bei der Einweihung selbst den Schlüssel an Präses D. Ernst Wilm.

Daß bei diesem 30. Bartning-Bau der alte Turmrest „mitverwertet" wurde, interpretierte die Gemeinde als Zeichen, daß „noch nach vielen Jahren die Not nicht vergessen, daß sie verstanden, bejaht und verwandelt sei in die stille Kraft der Liebe."

Die neue Erlöserkirche erreicht nicht die Ausmaße ihrer Vorgängerin, ist jedoch im wesentlichen auf den alten Fundamenten errichtet. Peter Werland schrieb zur Kirchweih in den WN, daß hier ein Bauwerk entstanden sei „von überraschender Selbständigkeit, gepaart mit Ideenfülle und Schlichtheit, das, von außen betrachtet basilikalen Charakters, im Innern durch die ungeahnte Kühnheit souverän beherrschter Holzkonstruktion überrascht." Tatsächlich war durch die Holzbinderkonstruktion im Innern ein wohlproportionierter Kirchenraum entstanden, der es an atmosphärebildender Geschlossenheit nicht fehlen ließ. „Bei aller Schlichtheit wirkt die Kirche schön und zur Andacht stimmend", war von den Gläubigen zu hören.

Zur Erlöserkirchengemeinde zählen die beiden Pfarrbezirke II (Pfarrer Hans-Joachim Christoph) und III (Pfarrer Norbert Beer) mit je 3500 evangelischen Christen. „Das Gotteshaus hat eine Zentralfunktion in der Stadt", pflegt Superintendent und Pfarrer Beer zu sagen: Ein erstaunlich hoher Prozentsatz der Gottesdienstbesucher kommt nicht aus den angegliederten Pfarrbezirken – sicher nicht nur der guten Verkehrsverbindungen wegen. „Erlöser" gilt unverändert – neben der Apostelkirche – als die zentrale Gemeindekirche schlechthin („Da spielen viele Traditionen mit.").

So bilden denn auch die Besucher der sonntäglichen Gottesdienste eine „hervorragende Mischung aus allen Alters-, Berufs- und Bildungsschichten", wie man sie sonst an keiner anderen Kirche findet. Pfarrer Beer: „Großartig.."

Friedenskirche

Zum Erlenbusch, Angelmodde

(Lageplan Nr. 56)

Evangelische „Friedenskirche" – für manche sicher nur ein Name. Aber für die Gemeinde in Gremmendorf-Angelmodde ist sie mehr als das, nämlich zugleich auch Programm und Auftrag. Als Anfang der fünfziger Jahre – der Krieg war erst wenige Jahre zu Ende – der Bau eines neuen evangelischen Gotteshauses beschlossen wurde, wollten die Christen mit der Namensgebung auch zum Ausdruck bringen: Nie wieder Krieg – wir bitten und beten um Frieden. Heute ist das Anliegen alles andere als unaktuell geworden oder passé, wie Pfarrer Tilman Metzger erläutert: Die Friedenskirche solle hinweisen „auf den, der allein Frieden schenken kann", sie erinnere daran, daß Gott die Menschen zu „Werkzeugen seines Friedens" machen wolle . . .

Im Dezember des Jahres 1977 feierte die Gemeinde ihr 25jähriges Bestehen: Am vierten Adventssonntag 1952 hatte Präses D. Wilm das kleine Gotteshaus an der Straße „Zum Erlenbusch" (damals Friedensstraße) eingeweiht. Als 1948 Pfarrer Franz Drews die seelsorgliche Betreuung der evangelischen Christen in Wolbeck, Angelmodde, Albersloh, Gremmendorf und dazu noch die Flüchtlingsgemeinde in Loddenheide übernahm, mußten die Gottesdienste noch in einem Klassenraum der Pestalozzischule stattfinden. Mithin: kein Zustand auf Dauer.

Noch heute denken die Gemeindemitglieder mit einigem Stolz an die Zeit vor mittlerweile fast 30 Jahren zurück, als mit bescheidenen Mitteln, aber umso größerem Einsatz das Projekt „Kirchbau" vorangetrieben wurde. Ein großer Teil der damals rund 1300 Gemeindemitglieder engagierte sich persönlich und unterstützte das ehrgeizige Vorhaben des Kirchbauvereins mit Geld oder unentgeltlich abgeleisteten Arbeitsstunden. Daß zu dieser Zeit – anfangs der Fünfziger – auch Jugendliche nach Kräften mit anpackten, hätte leicht ein böses Ende nehmen können. Bei den Ausschachtungsarbeiten glaubten nämlich Schüler der damaligen achten Klasse auf einen mächtigen Stein gestoßen zu sein und hackten

kräftig auf dem vermeintlichen Findling herum – bis sich der Koloß als ein fünf Zentner schwerer Blindgänger aus dem letzten Krieg entpuppte . . .

Aber es ging alles gut: Im Sommer und Herbst 1952 machte die schlichte, in rotem Backstein errichtete und mit einem schlanken Dachreiter als Glockenturm versehene Kirche so gute Baufortschritte, daß der Einweihung kurz vor Weihnachten desselben Jahres nichts mehr im Wege stand. Auch die beiden Glocken wurden noch rechtzeitig fertig, obwohl zuvor noch in einem Protokoll die Rede davon gewesen war, daß die „Beschaffung der Glocken der Gemeinde nicht wenig Kopfschmerzen" bereitete.

Als Pfarrer Drews 1966 in den Ruhestand trat, wurde die Gemeinde aufgeteilt in die Bezirke Wolbeck/Albersloh/Angelmodde-Dorf und Gremmendorf/Angelmodde-West/und -Waldsiedlung – letztere betreut von Pfarrer Metzger.

Aber neue Erfordernisse machten zu Beginn des Jahres 1979 eine weitere Änderung nötig: Die Leitung des evangelischen Kirchenkreises Münster teilte die Gemeinde Wolbeck in zwei selbständige Gemeinden auf mit den Zentren an der Christuskirche in Wolbeck und an der Friedenskirche in Gremmendorf-Angelmodde und richtete darüber hinaus an der Friedenskirche eine zweite Pfarrstelle ein für den Bezirk Angelmodde-West und Waldsiedlung. Rund 4500 Mitglieder zählt die Friedenskirchengemeinde heute.

Die „Chefs" der beiden Pfarrbezirke, Pfarrer Tilman Metzger und Pfarrer Dietrich Buettner, sprechen von einer „aktiven Gemeinde mit viel Bereitschaft zur selbständigen Mitarbeit". Von einer Gemeinde, in der nicht alle darauf warten, vom Seelsorger „inspiriert" zu werden, in der vielmehr die Aktivitäten „von der Erwachsenenbildung bis zur Chor- und Musikarbeit, von Vortragsabenden bis zu Bastelkreisen – „auf den Schultern einer relativ großen Zahl von Gemeindemitgliedern ruhen".

Gnadenkirche

Düesbergweg

Unweit von Umgehungsstraße und Autobahn, am Düesbergweg ganz in der Nähe des Clemenshospitals, liegt die evangelische Gnadenkirche „auf der Geist", wie die Münsteraner sagen. Zu dem architektonisch reizvollen, auf fünfeckigem Grundriß errichteten Gotteshaus mit seinem markanten Glockenträger eine Liebe auf den ersten Blick zu empfinden, ist zumindest zur Sommerzeit erst auf den zweiten Blick möglich. Denn die Kirche, die am 1. Oktober 1981 20 Jahre alt wurde, ist ringsum von schattenspendem Grün umgeben.

Die ersten evangelischen Siedler von der „Kriegerheimstätten-Genossenschaft", die nach dem Ersten Weltkrieg hier im Süden von Münster bauten, hatten weite gottesdienstliche Wege auf sich zu nehmen: fünf Kilometer bis zur Erlöserkirche – zu Fuß, versteht sich. 1924 halbierte sich dieser Kirchweg zumindest. Die Trinitatiskirche war fertig geworden. Doch gut drei Jahrzehnte später sollte auch dieses Gotteshaus die sonntäglichen Gottesdienstbesucher nicht mehr alle aufnehmen können. Statistiker hielten 1960 nach, daß sich allein die Seelenzahl der evangelischen Kirchengemeinde auf der Geist seit Anfang der zwanziger Jahre verzehnfacht hatte.

Eine von Pfarrer Gottfried Rohr erstellte Chronik hat es exakt festgehalten: Es war am 24. Februar 1960, als das Presbyterium der evangelischen Kirchengemeinde Münster eine Besichtigungsfahrt durch alle Pfarrbezirke unternahm, um eine Dringlichkeitsliste für die Bauten der nächsten Jahre aufzustellen. Eine neue Kirche am Düesbergweg erhielt Vorrang vor allem anderen. Ein Entschluß, der natürlich dadurch erleichtert wurde, daß ein Grundstück bereits seit längerem bereitstand. Ein eigener Gemeindeteil für die Gnadenkirche war 1959 von der Trinitatisparochie abgegliedert worden.

Am 24. April 1960 konstituierte sich unter den Vorsitzenden Karl Ebbinghaus und Heinrich Albsmeier ein Kirchbauverein. Pfarrer Rohr später: „Das bleibt für nachfahrende Geschlechter ein rühmenswertes Kapitel, wie – einem Husarenritt von einst vergleichbar – innerhalb von nur drei Jahren über 90 000 Mark zusammenkamen". Dipl.-Ing. Hanns Hoffmann, ein Münsteraner, erhielt mit seinem Architektenplan den Zuschlag von Gemeinde und Presbyterium.

Einen Monat später, am Erntedankfest des Jahres '60, wurde „im Glauben an den dreieinigen Gott", wie es im Urkundentext heißt, feierlich der Grundstein gelegt. Der damalige Superintendent Georg Gründler bezeichnete es als „große Gnade und Freundlichkeit Gottes", daß nun „nach den Jahren des Aufbaus und der Sammlung dieser Gemeinde und nach allen Opfern und Mühen, die diesem Bau vorangingen", mit dem Baubeginn die „erste Ernte" eingebracht werden dürfe.

Es ging dann Schlag auf Schlag: im Februar 1961 das Richtfest, im Juli der Guß der Glocken in Gescher, im September letzte Restarbeiten im Kirchinnern, am 1. Oktober 1961 schließlich die feierliche Weihe der neuen Gnadenkirche durch den langjährigen Präses der evangelischen Kirche von Westfalen, D. Hans Thimme. Eine Abschiedsandacht fand in der Kappenberg-Schule statt, die bis dahin als Notkirche fungieren mußte. Dann bewegte sich ein langer Festzug zum neuen Gotteshaus am Düesbergweg.

Was manche vielleicht schon nicht mehr wissen: Am selben Tag, am Erntedankfest des Jahres 1961, wurde auch die Lucaskirche am Coesfelder Kreuz ihrer Bestimmung übergeben. Zwei neue Kirchen also für die evangelischen Christen Münsters – im Westen und Süden der Stadt.

Der Blick im Kircheninnern wird von den leuchtenden Betonglasfenstern des Ochtruper Künstlers Hubertus Brouwer angezogen, der auch – in gebrannter glasierter Keramik – das mächtige Altarrückwandbild ausgeführt hat, eine seinerzeit nicht unumstrittene abstrakte Darstellung der heiligen Dreifaltigkeit. Der Altar, wie Kanzel und Taufstein aus Eifeler Basaltlava, wiegt rund hundert Zentner.

Seit der Kirchweih hat sich die Struktur der Gnadenkirchen-Gemeinde erheblich gewandelt. Nicht zuletzt durch die Bautätigkeit am Berg Fidel ist die Seelenzahl von rund 2000 auf jetzt knapp 3500 gestiegen. „Neue Schwerpunkte in der Seelsorge haben sich aufgetan durch den Zuzug vieler junger Familien mit Kindern", berichtet Pfarrer Klaus-Dieter Marxmeier. „An Arbeit hat es noch nicht gemangelt..."

Jakobuskirche

Von-Ossietzky-Straße (Lageplan Nr. 58)

Man müsse es „schon dran schreiben, damit der Außenstehende weiß, daß dies eine Kirche ist", pflegt schmunzelnd Pfarrer Walter Goez von der evangelischen Jakobuskirchengemeinde zu sagen. Das Gotteshaus an der Von-Ossietzky-Straße in der Aaseestadt ist eine Barackenkirche – 1964 von seinen Erbauern ausdrücklich als Not- oder Behelfskirche gedacht. Einem Neubau aber stand bisher die Knappheit der Finanzmittel entgegen.

Was sicher nur die wenigsten Münsteraner wissen: Es hat schon einmal eher eine Jakobikirche in der „Metropolis Westphaliae" gegeben: Rund 600 Jahre stand auf dem Domplatz das als Dompfarrkirche und Domestikenkirche der Domherren fungierende Gotteshaus St. Jakobi. Nach der Aufhebung des Domkapitels 1811 wurde das Kirchlein im Jahr darauf abgerissen.

Die evangelische Jakobuskirche ist Jakobus dem Älteren geweiht, der in Jerusalem als erster unter den zwölf Aposteln wegen seines unverbrüchlichen Verkünderglaubens den Märtyrertod erlitt. Das Kirchensiegel der Gemeinde zeigt neben Pilgerstab und Muschel, den mittelalterlichen Symbolen der Pilgerschaft, auch das Schwert als Signum des Märtyrertodes.

Bei der Besiedlung der Aaseestadt Ende der fünfziger und Anfang der sechziger Jahre kamen auch sehr viele evangelische Christen in diesen neuen Stadtteil Münsters. Ihr Anteil ist hier bis heute höher als im übrigen Stadtgebiet. Pfarrer Vonhoff war der erste hauptamtliche Seelsorger des noch jungen Pfarrbezirks, der anfangs als „Filiale", als Außenbezirk, von der Matthäusgemeinde mitbetreut wurde. Erst im Jahre 1971 erhielt die Jakobusgemeinde ihre volle Selbständigkeit. 1979 wußten sich die evangelischen Aaseestädter vehement zur Wehr zu setzen, als der Strukturausschuß der Synode vorschlug, „Matthäus" und „Jakobus" (mit 2600 Gliedern kleinste Gemeinde Münsters) wieder zusammenzulegen. Beide Gemeinden formulierten ein unmißverständliches „Nein" – und es blieb bei der Selbständigkeit beider.

Die Kirche wurde 1964 als flachgedeckter „Technobau" in Leichtbauweise errichtet. Der durch eine Faltwand unterteilbare Saal faßt 220 Sitzplätze. Im hinteren Teil ist die Orgel untergebracht. Den Blick des Betrachters zieht ein großes Holzkreuz mit bronzenem Korpus an, das über dem schlichten Altartisch hängt und vom Wolbecker Künstlerehepaar Hilbert geschaffen wurde. Der Kreuzweg von Prof. Otto Freytag (Berlin) an der linken Seitenwand zeigt das Leiden Jesu in acht Stationen.

Die Jakobusgemeinde weiß nur zu gut, daß ihre gottesdienstliche Stätte von Anfang an als Übergangslösung konzipiert war – wie viele andere „Schemakirchen" auch. Pfarrer Goez: „Beliebig lange können wir die Kirche nicht mehr benutzen. Die prognostizierte Lebensdauer von 20 Jahren ist bald um." Im Sommer ist es in dem Saal zumeist heiß und stickig, im Winter arg kalt; hinzu kommt eine große Geräuschempfindlichkeit. Im übrigen, so heißt es in der Jakobusgemeinde, kämen in dem allzu nüchtern wirkenden Zweckbau die „Gefühlswerte" zu kurz.

Nicht, daß es an Kirchbauplänen fehlte. Schon in den sechziger Jahren lag ein Modell des Architekten Pantenius vor. 1972 war von einer Kapelle oder Sakralzelle die Rede, die die Behelfskirche ablösen solle, um mit Pfarrhaus und Kindergarten ein neues evangelisches Gemeindezentrum zu bilden. Im Sommer 1979 lag ein großzügiger Plan auf dem Tisch. Das Gemeindezentrum mit quadratischem Kapellenraum sollte 2,7 Millionen Mark kosten – und war dem Kirchenkreis zu teuer.

Im Frühjahr 1981 schließlich gestalteten die Architekten Ekkehard Pietzner und Rüdiger Ottemeier einen neuen Kirchbauplan, der sich im geforderten Kostenrahmen von 1,7 Millionen Mark bewegt und deshalb Aussicht auf Realisierung hat. Wenn, ja wenn das Geld bereitgestellt wird. 160 000 Mark immerhin hat der schon 1964 gegründete Kirchbauverein zusammengespart. Doch andere Projekte, wie die neue evangelische Kirche in Coerde, wurden vorgezogen. Pfarrer Goez: „Die Gemeinde hofft schmerzlich darauf, daß es trotz der Geldknappheit noch etwas wird . . . "

Kreuz-Christi-Kirche

Leisnerstraße, Amelsbüren

Ziemlich genau hundert Jahre, so ist überliefert, vergingen in Amelsbüren zwischen dem ersten Zuzug eines evangelischen Bürgers und der Einweihung des Gotteshauses im Jahre 1965. Lange Jahre der Diaspora, der „Zerstreuung", liegen dazwischen. Wer einen Gottesdienst besuchen wollte, nahm lange Wege in Kauf. Von 1910 an fanden immerhin in einem Privathaus im nahen Hiltrup regelmäßig Bibelstunden, später auch Gottesdienste statt.

Nach dem letzten Krieg versammelten sich die Evangelischen von Amelsbüren in der „Baddeschule" (neben St. Sebastian). Am 8. Dezember 1946 waren es nach dem Zuzug vieler Flüchtlinge und Aussiedler immerhin schon 74 Gemeindeglieder, die den notdürftig hergerichteten Altar umstanden. Wintertags wurde ein Kanonenofen befeuert, das Brennmaterial brachten die Besucher des Gottesdienstes mit. Später, in den fünfziger Jahren, stand der Gemeinde eine Schulklasse der Hauptschule Amelsbüren (heute Grundschule) zur Verfügung. Bei besonderen Anlässen, etwa Taufen, Konfirmationen und Trauungen, machte sie gerne von dem Angebot der katholischen Pfarrgemeinde Gebrauch, die St.-Sebastian-Kirche mitzunutzen.

„Es waren schwere, sehr schwere Jahre für uns", kann sich Walter Deichsel, langjähriger Presbyter und Gemeinderatsmitglied in Amelsbüren, an diese Zeit erinnern. Er war es auch, der sich 1955 („der Wunsch nach einem eigenen Gotteshaus wurde immer größer") auf die Suche nach einem geeigneten Grundstück machte. Die Evangelische Kirchengemeinde Hiltrup, zu der der Pfarrbezirk Amelsbüren bis heute gehört, gründete einen Kirchbauverein und legte ein Spendenkonto an. 15 Prozent der Baukosten sollten aus Eigenleistungen bestritten werden.

Vom Amelsbürener Bauern Schulze-Everding kaufte die Gemeinde 1960 ein rund tausend Quadratmeter großes Grundstück am Nienkamp/Ecke Wilhelmstraße (heute Pater-Kolbe-Straße/Leisnerstraße), das ihr für einen Kirchbau geeignet schien. Der Quadratmeterpreis damals: zehn Mark. 1956 hatte die Kirchengemeinde dafür zugunsten des Siedlungsvorhabens Friedlandstraße ein 600 Quadratmeter großes, für eine Kirche wenig geeignetes Grundstück verkauft.

Die Bauplanung konnte beginnen. Dipl-Ing. Oettinghaus aus Bochum legte einen Architektenplan vor, der allgemeine Zustimmung fand. Danach sollten die Baukosten für die Kirche 183 000 Mark betragen zuzüglich 17 000 Mark für Kircheninventar, Glocken und Einrichtung eines kleinen Jugendheimes.

1963/64 wurde mit dem Bau der evangelischen Kirche von Amelsbüren begonnen. Aus den Reihen der Gemeindeglieder selbst wurde der Wunsch laut, das Gotteshaus „Kreuz-Christi-Kirche" zu nennen. Als am 7. Februar 1965 zur übergroßen Freude der Gemeinde die Kirche eingeweiht wurde, betonte der Präses der Evangelischen Kirche von Westfalen, D. Ernst Wilm, die „Verpflichtung des Namens dieses Gotteshauses, der die Mitte aller Verkündigung bezeichnet, da das Kreuz Christi das Herz des Evangeliums ist, aller Verkündigung und allen Glaubens". Mit dem Kreuz, so Präses Wilm, habe Gott unter den Menschen das „Zeichen der Versöhnung" aufgerichtet.

Pfarrer Wilhelm Spieker, von 1946 bis 1977 Pfarrer der Evangelischen Kirchengemeinde Hiltrup, hatte vor der Einweihungsfeier zum letzten Mal eine Andacht im Klassenzimmer der Schule gehalten. Von dort bewegte sich dann ein langer Zug zur neuen Kreuz-Christi-Kirche. Architekt Oettinghaus überreichte den Kirchenschlüssel an Präses Wilm, der ihn an Superintendent Martin Braun weiterreichte, aus dessen Händen ihn schließlich der Gemeindepfarrer in Empfang nehmen konnte. Fast zwei Jahrzehnte der Gottesdienste in verschiedenen Schulräumen Amelsbürens hatten ein Ende gefunden.

Eine eigene Pfarrstelle in Amelsbüren wurde 1971 eingerichtet: Erster Pfarrer wurde Hans-Henning Krull. Seit Ostern 1982 tut Pfarrer Gerhard Jacobs Dienst in der Gemeinde. Sie zählt gegenwärtig gut 900 evangelische Christen. Zu den Aufgaben des Pfarrers zählt auch die seelsorgliche Betreuung von Haus Kannen, dem Marienheim, Gut Heithorn und der evangelischen Patienten des Krankenhauses in Hiltrup. Als bedeutsamen ökumenischen „Fingerzeig" sieht Jacobs die gemeinsam von katholischer Pfarr- und evangelischer Kirchengemeinde betreute Altenbegegnungsstätte an. „Ein gutes Zeichen des Miteinander..."

Klinikenkirche
Lukaskirche

Coesfelder Kreuz

Eine markante Kirche im westlichen Stadtbild Münsters – ganz zweifellos. Verkehrsumflutet liegt sie wie auf einer Insel. Das Coesfelder Kreuz mit seinen Zubringern Einstein-Straße, Albert-Schweitzer-Straße und Von-Esmarch-Straße trägt viel rollendes Blech und Chrom heran. Und doch wirkt die evangelische Kirche „Zum Evangelisten Lukas" wie eine festgefügte, aller verkehrlichen Unruhe trotzenden Burg, wie ein in sich ruhender und beruhigender Pol.

Ihre besondere Bedeutung erhält die Lukas-Kirche aus ihrer Doppelfunktion als Gotteshaus der Gemeinde und als evangelische Klinikkirche. So ist es kein Zufall, daß der Evangelist Lukas, Verfasser des nach ihm benannten Lukas-

Das Fresko der Altarraumrückwand von „Lukas" zeigt den zum Himmel aufgefahrenen und zugleich wiederkommenden Herrn.

Evangeliums und der Apostelgeschichte, dieser gottesdienstlichen Stätte seinen Namen gab: Lukas, Begleiter des Apostels Paulus, war Evangelist und Arzt. Das Patrozinium sollte ganz bewußt ein Zeichen sein, daß die Kirche „den Gesunden und Kranken in gleicher Weise dient", wie es auf einer Gedenkplatte neben dem Eingang heißt.

Das berühmte Bild von den zwei Fliegen, die mit einer Klappe geschlagen werden, ist gar nicht so abwegig: Ende der fünfziger Jahre bot sich die Gelegenheit, für den wesentlichen Teil Münsters mit der Sentruper Höhe und dem Neubaugebiet Gievenbeck, der bisher ohne evangelisches Gotteshaus war, und zugleich für die Kliniken eine neue Kirche zu bauen. Die Kapelle des Martin-Luther-Hauses, die bis dahin gottesdienstliche „Heimat" war, stand nicht länger zur Verfügung. Nach langen Verhandlungen einigten sich die Bauherren Evangelische Kirche und Land Nordrhein-Westfalen auf die Errichtung einer neuen Gemeinde- und Klinikkirche am Coesfelder Kreuz. Der wesentlichste Aspekt: Düsseldorf erklärte sich gegen entsprechende Mitspracherechte bereit, sich zu 50 Prozent an den Bauinvestitionen (damals 500 000 Mark) und auch den weiteren Unterhaltungskosten zu beteiligen.

Den Planungsauftrag erhielt Baurat Heinrich Vogel aus Trier, der bereits an katholischen wie evangelischen Kirchen in Braunschweig, Ludwigshafen, Kassel, Trier, Hanau und Bonn seine vielbeachtete architektonische Handschrift hinterlassen hatte. Von ihm, dem Theologen und Architekten, pflegte man zu sagen, er vollziehe seine Werke als „die ihm geschenkte Art der Anbetung Gottes". Es gelang Vogel, dem Gotteshaus eine selbständige Note zu geben und es zugleich mit seiner unmittelbaren Umgebung eine enge Beziehung eingehen zu lassen. Am 13. Juli 1960 wurde der Grundstein gelegt, am 17. März 1961 war Richtfest, und zum Erntedank des Jahres konnte der spätere Präses der Evangelischen Kirche von Westfalen, D. Hans Thimme, das „fensterlose, körperliche Gebilde, das Kraft hat, sich durchzusetzen" (Vogel), einweihen.

Beeindruckend ist auch das Innere, dessen räumliche Größe und Tiefe ein erster Blick von außen kaum vermuten läßt. Freiräume an den Seiten, bewegliche Stühle (bis zu 400 Sitzplätze) und der völlige Verzicht auf Stufen entsprechen dem besonderen Charakter der Kirche, die von den Patienten der nahegelegenen Kliniken, aber auch von alten Leuten oder Behinderten gerne genutzt wird. Gottesdienste und Andachten werden regelmäßig in die Kliniken übertragen.

Beherrschender Blickfang ist ein zur Meditation gewordenes Fresko an der Altarraumrückwand. „Kommt her zu mir alle, die ihr mühselig und beladen seid" (Mt 11) spricht der zum Himmel aufgefahrene und zugleich wiederkommende Christus mit weitausgebreiteten Armen. In einem breiten

horizontalen Goldband werden dem Betrachter der Apsis-Bildwand fünf Szenen aus dem Lukas-Evangelium vorgestellt: die Verkündigung des Gottessohnes, Christus als barmherziger Samariter, die Heilung des Blinden, der verlorene Sohn und die Mahlgemeinschaft von Emmaus.

Zum Einzugsgebiet der Kirche gehören heute rund 5500 Gemeindeglieder. Für den Pfarrbezirk Sentruper Höhe trägt der langjährige Superintendent, Pfarrer Christoph Wilken Dahlkötter, die Verantwortung. Für den Bereich Gievenbeck, der in seiner Altersstruktur erheblich niedriger liegt

(von 70 Konfirmanden der Gemeinde kommen 50 von dort), ist Pfarrer Walther Hüffmeier „zuständig". Zwischen den Gemeindepfarrern und den Klinkenpfarrern hat sich eine sehr lebhafte, wechselseitig befruchtende Zusammenarbeit ergeben. Von dem „argen geistlichen Notstand im Westen unserer Stadt", der in einem Gemeindebrief vor 20 Jahren beklagt wurde, ist längst keine Rede mehr. Die enge räumliche Zuordnung von Kirche und Pfarrhaus, Altenheim und Gemeindehaus, Kindergarten und Wartburgschule hat sich „bestens bewährt" (Dahlkötter).

Markuskirchen

Borkumweg und Hauptzentrum, Kinderhaus (Lageplan Nr. 61)

Wenn im münsterschen Stadtteil Kinderhaus der Evangelist Markus fortan doppelt „in Anspruch genommen" wird, so hat dies seinen Grund. Die evangelische Markuskirchengemeinde besitzt gleich zwei Gotteshäuser dieses Namens – ähnlich übrigens wie die Hiltruper Pfarre St. Clemens mit der alten und der neuen Clemenskirche. Wer sich in Kinderhaus nach „Markus" erkundigt, wird schon mit angeben müssen, welche der beiden Kirchen er meint: die alte Markuskirche aus den Jahren 1955/56 (im Volksmund wegen ihres dörflich-beschaulichen Charakters meist „Markuskapelle" genannt) oder die neue Markuskirche im Hauptzentrum Kinderhaus aus den Jahren 1982/83.

Bis zum letzten Krieg gehörten die wenigen evangelischen Christen im damals noch ausschließlich ländlichen Kinderhaus zur Apostelkirche in Münsters Innenstadt. Später fanden erste Gottesdienste auf Kinderhauser Boden in der katholischen Volksschule statt. In den Fünfzigern wurde der Bau eines eigenen, wenn auch bescheidenen Gotteshauses für die mittlerweile auf 500 Glieder angewachsene Gemeinde immer zwingender. Ein Kirchbauverein gründete sich – und auch die „Diasporahilfe" der Evangelischen Kirche von Westfalen sagte ihre Hilfe zu.

Zu günstigen Bedingungen konnte am Baltrumweg ein Grundstück erworben werden. Es lag nahe einer Barackensiedlung aus der Vorkriegszeit und der 1950 als Putzbau errichteten „Bernhard-Salzmann-Siedlung". Die Entwürfe für den Sakralbau lieferte der frühere Landesbaupfleger Prof. Gustav Wolff aus Münster. Am 14. August 1955 wurde der Grundstein gelegt für eine „Kapelle" mit angrenzendem Gemeinderaum. Schon am 5. November, also nicht einmal drei Monate später, war das Richtfest.

„Der Bau des neuen Gotteshauses wäre nicht möglich gewesen, wenn die Mitglieder der Gemeinde und vor allem die mit dem Bau beauftragten Handwerker nicht in vorbildlicher Gemeinschaftshilfe zum Gelingen des Bauwerkes beigetragen hätten", schrieb damals die Presse. Die Stadt Münster, so heißt es weiter, habe es sich „nicht nehmen lassen", die Außenanlagen herzurichten. In einjähriger Bauzeit wurde die „Markuskapelle" fertig und am 10. Juni 1956 in Anwesenheit von Oberbürgermeister Dr. Busso Peus eingeweiht.

1962 errichtete die Landeskirche in Kinderhaus die erste Pfarrstelle und führte Dr. Alfred Kretzer als ersten Pfarrer ein. Sein neuer Pfarrbezirk mit einer Ausdehnung von 36 Quadratkilometern erstreckte sich über den ganzen Norden Münsters und schloß auch die evangelischen Christen von Coerde und Sprakel mit ein. Ein weiterer rapider Anstieg der Gemeindegliederzahl in Coerde machte es 1965 nötig, die Andreaskirche zu bauen; zwei Jahre später wurde hier eine eigene Pfarrstelle gebildet. 1972 folgte dann die Teilung der Gemeinde: Die beiden Pfarrbezirke wurden selbständige Kirchengemeinden, Markus in Kinderhaus und Andreas in Coerde.

Starke Neubautätigkeit, besonders in Kinderhaus-West, ließen in den nächsten Jahren den Gedanken an weitere „Dezentralisierung" nicht ruhen: 1976 errichtete die Landeskirche in Kinderhaus eine zweite Pfarrstelle, in die Pfarrer Volkmar Jung eingeführt wurde. Bis 1982 stieg die Zahl der evangelischen Christen auf 5500 an. Pfarrer Dr. Alfred Kretzer betreut heute den ersten Pfarrbezirk mit Kinderhaus Ost und Süd, außerdem die fünf Sonderschulen im Heilpädagogischen Zentrum am Bröderichweg, Pfarrer Volkmar Jung den zweiten Bezirk mit Kinderhaus-West und Sprakel.

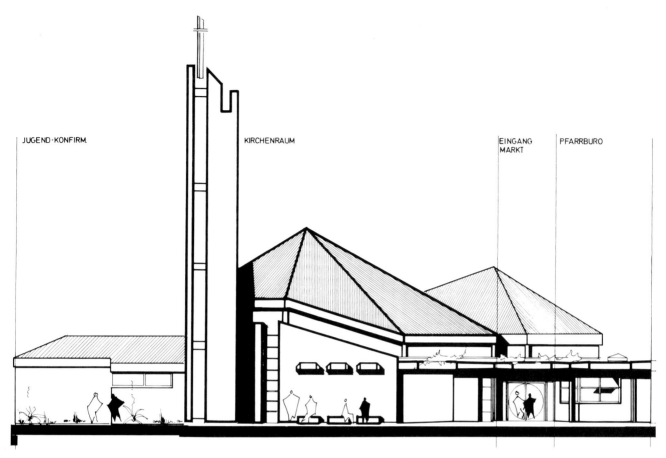

JUGEND-KONFIRM.   KIRCHENRAUM   EINGANG MARKT   PFARRBÜRO

So soll die neue Markuskirche im Stadtteil Kinderhaus aussehen – eine Modellzeichnung von 1982/83.

Schon seit 1971 währen die Pläne der Markuskirchengemeinde, ein neues Gemeindezentrum zu bauen, das (so später in der Grundsteinurkunde) „mit seinen vielfältig zu nutzenden Räumen für Gottesdienst, Stille und Spiel, Feier und Gemeinschaft eine Heimat und ein Sammlungspunkt für beide Pfarrbezirke sein" sollte. Die Gemeinde erwarb 1981 ein Grundstück. Noch im gleichen Jahr, am 13. September, war der erste Spatenstich.

Der Plan der Architekten Ursula Wolf und Dieter Wetmar fand allgemeine Zustimmung: Die „neue" Markuskirche mit Pfarrhaus sollte, so die Gespräche mit der Stadt Münster, Teil eines großen „Hauptzentrums" in Kinderhaus sein – gelegen zwischen Burloh und Kristiansandstraße. Das Gotteshaus, angesiedelt am „Markt" eines multifunktionalen Zentrums: Die Gemeinde wollte verdeutlichen, daß sie „als Christengemeinde gleichzeitig Bürgergemeinde" ist (Pfarrer Dr. Kretzer). Am Pfingstsonntag (30. Mai) des Jahres 1982 war die feierliche Grundsteinlegung. Der Tag des Richtfestes, zugleich Tag des ersten Gottesdienstes: der 26. September 1982. Die Markusgemeinde ließ es sich nicht nehmen, dazu auch Altpräses D. Hans Thimme einzuladen. Sie sprach die Hoffnung aus, das „neue Gemeindezentrum mit Gottes Hilfe 1983 vollenden" zu können.

Die alte Markuskirche wird nicht leer stehen. Sie bleibt Schulkapelle der fünf Mehrfachbehindertenschulen des Landschaftsverbandes, die Pfarrer Kretzer seelsorgerisch betreut: „Die Markuskapelle bleibt ein Zentrum der Gemeinde- und Schulseelsorge und wird auch künftig für die Gottesdienste eine Stätte des Segens und der Gnade sein".

Martin-Luther-Kirche

Mecklenbecker Straße, Mecklenbeck (Lageplan Nr. 62)

Die Raumform der Martin-Luther-Kirche, so hatte es sich der renommierte Münchener Architekt Karl-Heinz Schwabenbauer vorgestellt, solle der Gemeinde „das Gefühl der Geborgenheit" vermitteln: „Wie zwei schützende Hände wölben sich die Dachflächen in Ost-West, wohingegen die beiden Giebel Süd und Nord den Raum hochreißen und ihm eine feierliche Größe verleihen." Tatsächlich strahlt das 1967 geweihte Gotteshaus der evangelischen Christen von Mecklenbeck unverkennbar eine meditative Ruhe aus. Auch das Äußere des Sakralbaus, zur Mecklenbecker Straße hin unverändert im Grünen gelegen, paßt sich diesem Gedanken des in sich ruhenden Kirchenbaukörpers an.

Die wenigen Evangelischen, die vor dem letzten Krieg in Mecklenbeck wohnten, haben sich gottesdienstlich zur Trinitatiskirche in der Stadt Münster hin orientiert. Als nach 1945 zunehmend entlassene Kriegsgefangene und Flüchtlinge aus den Ostgebieten – wenn auch oft vorübergehend – ansässig wurden, fanden die Gottesdienste und selbst Bibelstunden und Konfirmandenunterricht in einer Baracke statt, später in der alten Mecklenbecker Schule am Dingbängerweg und schließlich (ab Oktober 1953) im neuerrichteten Gustav-Adolf-Haus. Weit über 600 evangelische Christen wohnten Anfang der fünfziger Jahre in Mecklenbeck.

Schon bald konstituierte sich ein „Evangelischer Kirchenbauverein Mecklenbeck" – der Gottesdienstraum hatte sich schnell als zu beengt erwiesen und Kirchbaupläne reifen lassen. Bereits 1953 war in kluger Voraussicht ein Grundstück an der Mecklenbecker Straße/Ecke Meckmannweg gekauft worden. Zu den maßgeblichen Trägern der Kirchbauinitiative gehörten Kirchmeister Wilhelm von Drewitz, Diakon Waldemar Kamenz, Hellmuth Rechtholz, Hans Geerken, Paul Paskarbis, Martin Bürger und Frieda Wolff. Ihnen gelang es, zahlreiche evangelische Familien zum Mittun im Kirchbauverein zu bewegen; ohne regelmäßig eingehende monatliche Spenden wäre das ehrgeizige Unternehmen kaum zu realisieren gewesen.

Stolze 74 000 Mark brachte der Kirchbauverein zusammen, den gewichtigen „Rest" von 310 000 Mark steuerte der Stadtverband der evangelischen Kirchengemeinden bei. Nach der Grundsteinlegung am Himmelfahrtstag 1966 konnte die Kirche im Jahr darauf, am 29. Oktober, ihrer Bestimmung übergeben werden – übrigens fast auf den Tag genau 14 Jahre nach der Einweihung des vornehmlich aus Holz fertiggestellten Gustav-Adolf-Gemeindehauses.

Der in seinen Proportionen gelungene Kirchbau fand die Anerkennung der Mecklenbecker Bürgerschaft. Architekt Schwabenbauer hatte dem Gotteshaus dadurch einen besonderen Charakter gegeben, daß er den Bau auf quadratischem Grundriß von 16 mal 16 Metern aufsteigen ließ und ihm durch im Nordosten und Südwesten bis zu zwölf Meter steigende Giebel eine klare Achsenausrichtung gab. Das Dach erinnert in seiner eigenwillig kühnen Form an einen nach oben gebogenen Pferdesattel. Zwei Betonreliefs über dem Eingang stellen die Bergpredigt und den Fischzug des Petrus dar.

Der schlanke Glockenträger, 20 Tonnen schwer, ist erst acht Jahre später erstellt und am vierten Advent 1975 – mit einem dreistimmigen Geläut versehen – eingeweiht worden.

War die Seelsorge in Mecklenbeck 1952 noch dem Pfarrbezirk Havixbeck-Roxel zugeordnet worden, so „fiel" die Gemeinde im Jahre 1962 als IV. Pfarrbezirk an die Trinitatis-Kirchengemeinde. Heute zählt die Martin-Luther-Gemeinde in Mecklenbeck rund 1800 Christen. Pastor Heinz Büchler, 1973 als Nachfolger von Herbert Höner mit dem Dienst beauftragt, hat es mit einem Bezirk zu tun, in dem „von sehr wohlhabenden bis zu weniger gut gestellten Familien alle sozialen Schichten vertreten" sind. Daß besonders viele junge Familien hier ansässig geworden sind, läßt sich schon allein an der Zahl von 33 Konfirmanden im Jahre 1981 ablesen (Büchler: „Das ist sehr, sehr viel"). Den Schwerpunkt ihrer diakonischen Arbeit sieht die Gemeinde in der Betreuung von Spätaussiedlern, in der Altenhilfe und der Sorge um die sozial schlechter Gestellten.

Matthäuskirche

„Nun ist es soweit, daß wir nach vielen Jahren des Kampfes und oft enttäuschter Hoffnungen unsere Matthäuskirche weihen können", begann Pfarrer Karl-Albrecht Felmy im Advent des Jahres 1958 das Vorwort zu einer Festschrift. „Wir haben lange gewartet, oft um Geld gebeten und um das Entstehen der Kirche gebangt, jetzt aber haben wir sehr viel zu danken." Die evangelische Matthäuskirche an der Antoniusstraße – markantes Wahrzeichen ist ihr quadratischer, hochaufragender schlanker Turm (37 Meter) – mußte über viele Hürden, bevor sie am 7. Dezember 1958 von Präses D. Ernst Wilm eingeweiht werden konnte.

Schon 1951 kamen erste Gedanken auf, im Südviertel Münsters eine neue evangelische Kirche zu bauen. Die Trinitatiskirche war für die rund 8000 Seelen des V. und VI. Pfarrbezirks längst zu klein geworden. Ein Grundstück an der Zumbrockstraße wurde 1953 gegen ein 1360 Quadratmeter großes stadteigenes Gelände an der Antoniusstraße eingetauscht – „unter Zahlung eines Spitzenpreises von 17 000 Mark", wie die Chronik ausdrücklich vermerkt.

Und doch war das schwierig zu bebauende Stück Boden, eine frühere Sandgrube, ein problemgeladener Flecken Land: Der erste Bauplan ließ sich nicht verwirklichen, weil Anlieger Einspruch erhoben. Den zweiten Entwurf lieferte das Hamburger Architektenteam Hopp/Jäger („die bereits 20 evangelische Kirchen gebaut haben"). Doch wieder erhob sich Einspruch. Erst die dritte Planung, bei der „alle nur denkbaren Einspruchsmöglichkeiten von vornherein ausgeschaltet" wurden, wie Pastor Felmy später schrieb, räumte alle Hindernisse aus dem Weg: Im August 1957 wurde begonnen, im Oktober war die Grundsteinlegung.

Ein „Verein für den Neubau der Kirche in der Antoniusstraße in Münster e. V.", den die Gemeinde zwischen Weihnachten und Silvester 1953 aus der Taufe gehoben hatte, machte den Sakralbau erst möglich. Obwohl der Mindestbeitrag nur bei monatlich 20 Pfennig lag, „sind doch selbst von den Altersrentnern mindestens 50 Pf. Monatsbeitrag regelmäßig gezahlt worden", berichtet die Chronik. In nur fünf Jahren konnte die Gemeinde immerhin 18 000 Mark in die Scheuer einfahren; eine Bausteinaktion und weitere Spenden taten ein übriges. Der Kirchenbau, Gotteshaus und Versammlungsraum für heute 4500 evangelische Christen, war finanziert.

Ein Niveauunterschied von sechs Metern machte eine Unterteilung in Erdgeschoß (Kirchenraum) und Untergeschoß nötig. Doch wurde der scheinbare Nachteil der Geländeabschüssigkeit mehr als aufgehoben. Das untere Geschoß – keineswegs ein Kellerraum – nahm u. a. einen großen Gemeindesaal mit fast 200 Plätzen und drei Konfirmanden- und Gruppenräume auf. Das Gotteshaus selbst ist eine Binder-Rahmen-Konstruktion. Daß das Kirchendach nach Norden hin so steil abfällt, liegt daran, daß nur so die geforderten Grenzabstände und Traufenhöhen einzuhalten waren. Deshalb mußte auch der Turm, ein nach drei Seiten freistehender „Campanile", nach Osten herausgezogen und durch einen niedrigen Verbindungsgang zur Sakristei mit der Kirche verbunden werden. Das Mauerwerk des Turmes besteht aus etwa 83 000 Steinen, wie der Architekt säuberlich vermerkt hat. Bei den drei 1960 aufgehängten, zusammen rund 1660 Kilo schweren bronzenen Glocken wurde darauf geachtet, daß sich die Klangzusammenstellung mit den Glocken der benachbarten Antoniuskirche „vertrug" . . .

Das Innere der Matthäuskirche zeichnet sich durch schlichte Gestaltung aus – was der Kirche keineswegs zum Nachteil gereicht. Ihren optischen Blickpunkt hat sie unzweifelhaft durch ein beeindruckend ausgeführtes Mosaik an der rückwärtigen Altarraumwand gefunden (1963). Es wurde von Paul von der Forst entworfen und zeigt Christus, den Allherscher (Pantokrator): Auf dem himmlischen Thron sitzend, huldigen ihm Himmel und Erde. Vier Posaunen blasende Engel künden davon, daß ihm, dem Christus, „alle Gewalt gegeben ist im Himmel und auf der Erde".

Die Pastoren Wolfgang Heide und Erich Herrmann, die die beiden Pfarrbezirke der Kirchengemeinde verantwortlich leiten, legen seit je her Wert darauf, daß sich die Matthäus-Gemeinde als eine betont lutherische Gemeinde versteht: Die Bibel, die Schrift, ist das „Maß aller Dinge" (Herrmann). Die alten liturgischen Formen werden besonders gepflegt – mit wöchentlichem Abendmahlsgottesdienst, der Beichtspendung durch Handauflegung als besonderer Absolutionsformel und dem knieenden Empfang des Abendmahles durch die Gläubigen.

So sehr die volkstümliche Verkündigung als „erweckliche Predigt" gepflegt wird, so sehr liegt der Akzent auf gemeindenaher Arbeit. Dafür stehen Mitarbeiterschulungen, Bibelwochen, Kinder- und Jugendlichenarbeit, Evangelisationen und vieles mehr. Höchstes Ziel, so Pfarrer Hermann: „Jedes Gemeindemitglied ein Missionar . . ."

Nicolaikirche

Paul-Gerhardt-Straße, Roxel

Es gibt ein Gotteshaus in Münster, in dem die beiden bekannten Kirchenlieder „Wachet auf, ruft uns die Stimme" und „Wie schön leucht uns der Morgenstern" besonders häufig und gern gesungen werden: in der evangelischen Nicolaikirche in Roxel. Schon beim ersten Gottesdienst, zur Kirchweih am vierten Advent 1965, erklangen die vertrauten, über 400 Jahre alten Weisen, von Bläsergruppen aus Mecklenbeck und Albachten begleitet. Warum diese Vorliebe? Roxels evangelische Kirche ist nach dem Dichter dieser Lieder benannt: nach dem westfälischen Pfarrer Philipp Nicolai (1556 – 1608), der in schwerer Pestzeit Ende des 16. Jahrhunderts seiner Unnaer Gemeinde zur Seite stand.

Lange mußten die Evangelischen in Roxel auf „ihr" Gotteshaus warten. Hatte es bis zum letzten Krieg in Roxel, aber auch in Albachten, Nienberge, Mecklenbeck und Bösensell nur sehr versprengt einzelne Familien evangelischer Konfession gegeben, so wurde dies mit dem Strom der Flüchtlinge und Heimatvertriebenen aus dem deutschen Osten nach Kriegsschluß schlagartig anders. Unter den 350 Vertriebenen aus den Ostgebieten, die in Roxel eine Bleibe fanden, waren zahlreiche Evangelische.

Jahre des Improvisierens begannen. Die katholische Pfarrgemeinde St. Pantaleon unter Dechant Könemann stellte in selbstverständlichem Ökumenegeist die eigene Kirche für Gottesdienste zur Verfügung. Auch die Schloßkapelle von Burg Hülshoff konnte die Flüchtlingsgemeinde nutzen. Später, in den fünfziger Jahren, wurde ihr für Religionsunterricht und Gottesdienst die alte Marienschule überlassen. Roxels Amtsbürgermeister Wulfert prägte damals den Satz: „Für die evangelische Gemeinde muß etwas getan werden..."

Von 310 schulpflichtigen Kindern waren Ende 1955 immerhin 40 evangelisch. Pfarrer Gottfried Rohr, der 1948 die seelsorgliche Betreuung der jungen Gemeinde übernommen hatte, konnte das bescheidene „Gemeindezentrum", wie es die Zeitungen nannten, 1956 einweihen. Es bestand aus zwei besonders hergerichteten Schulräumen. Ab 1958 stand der auf 600 evangelischen Christen angewachsenen Gemeinde die neue Volksschule mit zur Verfügung.

Aber schon damals wuchs allenthalben die Erkenntnis, daß auch dieser „Status quo" nicht ewig währen konnte. Bürgermeister Wulfert betonte im Sommer 1959 mehrfach, daß mit dem Bau einer eigenen evangelischen Kirche „nicht mehr allzulange" gewartet werden könne, da der Raum in der Marienschule „auf Dauer nicht die ideale Stätte für Gottesdienste" sei. Schon im Dezember stellte die politische Gemeinde an der Paul-Gerhardt-Straße kostenlos ein gut 1500 Quadratmeter großes Grundstück zur Verfügung. Die Westfälischen Nachrichten: „Dieser Beschluß des Gemeinderates wurde einstimmig gefaßt, was um so bemerkenswerter ist, als im Roxeler Gemeinderat ausschließlich katholische Ratsmitglieder vertreten sind..."

1962 wurde ein Architektenwettbewerb ausgeschrieben. Den Zuschlag erhielt Klaus Gonser von der Architektengemeinschaft Gonser-Elliger-Wojner. Der Kostenvoranschlag belief sich auf 400 000 Mark. Ende November 1964 war die Grundsteinlegung, im Mai '65 das Richtfest und am 19. Dezember 1965 schließlich die feierliche Einweihung durch Landeskirchenrat Philipps aus Bielefeld. Pfarrer Diethelm Röhnisch, Nachfolger von Gottfried Rohr, übernahm den tannengeschmückten Kirchschlüssel.

Die Nicolaikirche ist nicht Kirche im landläufigen Sinne, sondern versteht sich selbst als Teil eines Gemeindezentrums. Sichtbarstes Zeichen: das Fehlen eines Kirchturmes. Auf ihn wurde bewußt verzichtet, weil „Nicolai" mehr Gotteshaus einer städtischen Siedlung als „Kirche im Dorf" war. Typisch für sie ist das in drei Stufen ansteigende Kirchendach. Superintendent Martin Braun deutete die Treppenform später so, daß auch der Mensch von Stufe zu Stufe unterwegs sei: „Jeder kommt einmal an die letzte Stufe, die außerhalb der Welt liegt und zum ewigen Leben führt".

Der Kirchenraum bildet ein Quadrat von 15 mal 15 Metern. Licht empfängt er durch die Senkrechten der Dachstufen. Taufstein, Altartisch und Kanzel sind eine Arbeit des münsterischen Bildhauers Karl Ehlers. Das Kreuzigungsrelief an der Chorwand (um 1860) stand früher an der Straße nach Albachten. Mit ihm korrespondiert ein modernes Kreuz mit geschnitztem Christuskorpus des Exilpolen Henryk Zegadlo.

Pfarrer Paul Papenberg versieht seinen Dienst weit über Roxel und die Nicolaikirche hinaus. Denn der Pfarrbezirk mit insgesamt 2430 Evangelischen umfaßt neben Roxel (1330) auch noch Albachten (800) und Bösensell (300). Evangelische Gottesdienste finden neben Roxel im Matthias-Claudius-Haus in Albachten und in der Turmkapelle von St. Johannes in Bösensell statt. „Die Diasporasituation klingt hier noch an..."

Ev. Universitätskirche
Observantenkirche

Schlaunstraße

(Lageplan Nr. 65)

Aller Schlichtheit, ja Kargheit zum Trotz, die dieses Gotteshaus an der Schlaunstraße heute ausstrahlen mag: Die Evangelische Universitätskirche – auch Observantenkirche genannt – hat eine fast 300jährige, überaus bewegte Geschichte, wie sie ein Außenstehender von dem unscheinbaren Bau kaum vermuten würde: Zunächst Klosterkirche der Franziskaner-Observanten, mußte die Kirche Anfang des vorigen Jahrhunderts eine wenig rühmliche Profanierung erleben und als Kaserne, Lagerschuppen, Lazarett und Pferdestall, seit 1920 dann als Magazin für Theaterkulissen herhalten...

Die Oberservantenkirche war das erste Gotteshaus, das nach dem 30jährigen Krieg in Münster gebaut wurde. Schon 1614 hatten sich die „Franziskaner von der strengen Observanz", die wie die Minoriten und Konventualen auf Franz von Assisi zurückgehen, in der Bergstraße niedergelassen.

In der Observantenkirche, der evangelischen Universitätskirche, entfaltet sich reiches kirchenmusikalisches Leben.

134

1687 machte sich der Armut und Askese verpflichtete Bettelorden („Barfüßer") an den Bau eines Gotteshauses. Was schwierig genug war, weil die Mönche eigens in der Nähe von Albersloh einen Eichenwald kaufen mußten, da das Baugelände recht sumpfig war und eichene Pfähle die Fundamente sichern sollten. Am 9. August 1687 wurde der erste Spickpfahl in den Boden trieben.

Baumeister der Kirche war Jesuitenbruder Anton Hülse, ein gelernter Zimmermann, der auch schon die Jesuitenkirchen in Coesfeld, Paderborn, Siegen und das Ursulinenkloster in Köln geplant hat. Typisch für den Sakralraum ist die vorgesetzte, barock gegliederte Sandsteinfassade, der große Saalraum mit sechs Gewölbejochen und der anschließende langgestreckte Mönchschor. Doch wäre es falsch, von einer typischen Barockkirche zu sprechen, wie sie die nur sieben Jahre nach der Fertigstellung begonnene Dominikanerkirche darstellt: Trotz Barockfassade und Rundbogenfenstern ist der Ziegelbau in seinem Wesen gotischen Formen verpflichtet, wie die Gliederung des Baukörpers mit nach innen gezogenen Pfeilern im Langhaus, den Spitzbogen der Gewölbe und den Strebepfeilern des dreiseitig schließenden Chores zeigt.

Doch zurück zur Geschichte des Gotteshauses: Im Juni 1690 legte der Dechant von St. Ludgeri, Johann Rotger Hönig, den Grundstein. Die Einweihung zu Ehren der heiligen Dreifaltigkeit, der heiligen Maria und des heiligen Antonius von Padua fand am 28. Oktober 1698 statt.

Nichts ist mehr von der einst so üppigen Ausstattung geblieben – von dem barocken Hochaltar mit dem in Antwerpen gemalten Altarbild „Christus am Kreuz", von den reich ornamentierten Seitenaltären, dem geschnitzten Chorgestühl und den acht Beichtstühlen, dem marmornen Weihwasserbecken, der Orgel, den Reliquienschreinen, Kreuzwegbildern und Statuen. Die Säkularisierung und die Franzosen-Besatzung machten all dem ein Ende, nachdem das Gotteshaus den Franziskaner-Observanten nur wenig mehr als hundert Jahre als Klosterkirche gedient hatte.

Als die Preußen Anfang Oktober 1802 Münster besetzten, zählte der Ordenskonvent 18 Patres, sieben Fratres und zehn Laienbrüder. Im November 1811 wurde das Kloster endgültig aufgehoben, die Kirche „entwidmet" und profaniert – die ganze Ausstattung versteigert, der Dachreiter heruntergerissen, das Portal entfernt, die Fenster teilweise vermauert, das Innere mit Holzdecken in Geschosse unterteilt. Unten befanden sich bald Pferdestallungen, oben Kammern für die reitende Artillerie. Was Wunder, daß der Bau zunehmend verfiel. Überlegungen nach dem Ersten Weltkrieg, ihn als Garnisonskirche oder auch Aula für die Universität zu nutzen, erfüllten sich nicht. So diente die ehemalige Observantenkirche bis 1944/45 als Aufbewahrungsort für Kulissen und Requisiten des Stadttheaters.

Völlige Zerstörung dann im letzten Krieg: Kaum jemand gab einen Pifferling für den Wiederaufbau einer solchen Ruine. Und doch wurde die Kirche von 1956 bis 1961 in alten Formen, aber mit moderner Ausstattung wieder errichtet. Die Eigentumsrechte waren von der Stadt Münster auf das Land Nordrhein-Westfalen übergegangen. Das Land schließlich überließ die Kirche der „Alma mater" als evangelische Universitätskirche; ihr Rektor ist der evangelische Universitätsprediger, Prof. Dr. Friedemann Merkel.

Nicht mehr „barock", sondern eher spartanisch bietet sich heute das Innere dem Betrachter dar. Der Blick wird in dem lichten Kirchenraum von dem fünf Meter großen Kreuz auf dem Hochchor angezogen, eine Arbeit des Bildhauers Prof. Wimmer (München), daneben von der Kanzel, die den apokalyptischen Christus zeigt. Abgesehen von den Gottesdiensten wird die Evangelische Universitätskirche besonders gern genutzt für ein reiches kirchenmusikalisches Leben.

1982 wurden die bis dahin von Pfählen getragenen Säulen und Wände neu unterfangen, um dem Gotteshaus neue Standfestigkeit zu geben, und eine Fußbodenheizung eingebaut.

Trinitatiskirche

Straßburger Weg   (Lageplan Nr. 66)

Es hätte nicht viel gefehlt – und statt der katholischen Heilig-Geist-Kirche trüge heute die nahegelegene Trinitatiskirche den Namen „Heilig Geist". Eine absurde Vorstellung? Rund 60 Jahre später mag man darüber schmunzeln, aber: Am 26. November 1924 beschloß das Presbyterium der Evangelischen Kirchengemeinde Münster, das neue schlichte Gotteshaus auf der Geist "Heilig-Geist-Kirche" zu nennen. Am 16. Dezember plötzlich erhielt es von der katholischen Pfarrgemeinde St. Josef an der Hammer Straße Mitteilung, daß dieses Patronat schon seit Juli für ihre neue Tochterkirche an der Metzer Straße feststehe. So mußte sich das Presbyterium fügen – es verständigte sich auf den Namen „Kirche auf der Geist". Im Sommer 1949 wurde daraus Trinitatiskirche . . .

Das Gotteshaus am Straßburger Weg ist nach der Apostelkirche (der einstigen Klosterkirche der Franziskaner-Minoriten) und der 1900 eingeweihten Erlöserkirche die drittälteste evangelische Kirche in Münster. Vor dem Ersten Weltkrieg konnten „Apostel" und „Erlöser" die ständig wachsende Zahl der evangelischen Christen bereits längst nicht mehr aufnehmen. Der Krieg machte jedoch vorerst alle Neubaupläne zunichte. Als dann Anfang der zwanziger Jahre durch rege Siedlungs- und Bautätigkeit im Süden von Münster die evangelische Gemeinde auf 20 000 Seelen angewachsen war, wurde eine neue Kirche immer dringlicher.

Selbst in der Grundsteinurkunde vom 23. August 1924 ist ausdrücklich von einer „Notkirche" die Rede, denn „die allgemeine Verarmung und Notlage, in der sich mit dem ganzen Vaterlande auch unsere Gemeinde befand, zwang zur Beschränkung auf das Notwendigste". Später sollte die Notkirche einmal zu einem größeren Gemeindehaus erweitert werden. Die Stadt Münster stellte das Grundstück zur Verfügung.

Der Bauplan sah einen schlichten „Betsaal" vor. Der Altarraum sollte auch als Bühne genutzt werden können, die sich beidseitig anschließenden Garderobenräume als bescheidene Sakristei und Küsterei. Die reinen Baukosten (ohne Altar, Kanzel, Orgel etc.) hielten sich exakt an die Voranschlagssumme: 35 000 Reichsmark. Nicht einmal ein halbes Jahr war nötig, um die „Kirche auf der Geist" fertigzustellen: Am 23. Juli 1924, zwei Wochen nach dem Baubeschluß, konnte der erste Spatenstich stattfinden, und am 14. Dezember 1924 weihte Generalsuperintendent D. Zoellner das neue Gotteshaus ein.

Niemand konnte damals ahnen, daß schon 20 Jahre später nur noch Trümmer von dem Sakralbau übrigbleiben sollten: Im Oktober 1944 wurde die Kirche mehrfach von Brandbomben getroffen und brannte bis auf die Umfassungsmauern nieder. Die Gemeindemitglieder um Pfarrer Walter Fiebig setzten alles daran, die Kirchenruine wenigstens soweit zu sichern, daß die Schäden nicht noch größer wurden.

Gleich nach der Währungsreform wurde energisch der Wiederaufbau vorangetrieben. Architekt Mönig, der schon 1924 die örtliche Bauleitung innehatte, baute nun zum zweiten Mal „seine" Kirche. Zwischenzeitlich war auch ventiliert worden, den heute noch bestehenden Kriegsbunker in der benachbarten Wörthstraße zu einer „Bunkerkirche" auszubauen. Es gab in der Folgezeit Kollekten, die zugleich aus Geld und aus Baumaterialien bestanden. Konfirmandenunterricht bedeutete gelegentlich, über eine lange „Menschenkette" Ziegel anzureichen. Die Chronik: „Viel Liebe, Kraft und Zeit wurden damals aufgebracht, um das Gotteshaus seiner Bestimmung zurückgeben zu können." Im Juni 1949 war es endlich soweit, daß der Sakralbau, der fortan Trinitatiskirche hieß, wieder eingeweiht werden konnte.

Ihr heutiges Aussehen erhielt „Trinitatis" Ende der sechziger Jahre. Äußerer Anlaß der Umgestaltung war zunächst ein eher betrüblicher: Der Superintendent des Kirchenkreises, Martin Braun, hatte nämlich im Februar 1969 die vorläufige Schließung der Kirche empfehlen müssen. Die nicht sehr „sattelfeste", an Drähten hängende, tonnenartig gewölbte Decke aus der Zeit des notdürftigen Wiederaufbaus drohte einzustürzen. Das Presbyterium kam überein, den gesamten Baukörper unter Einschluß einer neuen Holzdecke gründlich

zu renovieren. Architekt Dietrich Rothert übernahm die Bauleitung, der Bildhauer Hermann Stangier die künstlerische Ausgestaltung. Am 5. Oktober 1969, dem 25. Jahrestag der Zerstörung, konnte die Gemeinde wieder in ihrem Gotteshaus Einzug halten.

Die Trinitatis-Kirche, ein „Kind" von Erlöser, hat mittlerweile vier „Töchter": die Matthäus-Kirche (1958), die Gnadenkirche (1961), die Jakobus-Kirche (1964) und die Martin-Luther-Kirche (1967). Zu den beiden Pfarrbezirken I (Pfarrer Christian Fuchs) und III (Dr. Arnold Wiebel) gehören heute 3200 evangelische Christen. „Säulen" der pastoralen Arbeit sind, so Pfarrer Fuchs, die Aktivitäten der Jugendlichen, die Frauenhilfe, Altenarbeit und das Engagement der Eltern im Kindergarten.

Versöhnungskirche

November 1940 – deutsche Bomber klinkten über der mittelenglischen Industriestadt Coventry einen wahren Bombenteppich aus. Die Altstadt fiel in Schutt und Asche, die ehrwürdige spätgotische Kathedrale brannte wie eine Fackel. Als Dompropst Howard am anderen Morgen nach „seinem" Gotteshaus sehen wollte, stand er vor einem rauchenden Trümmergebirge. Dann tat er etwas, das viele nicht verstanden: Er nahm ein Stück Kreide und schrieb an die rußgeschwärzten Chorwände nur zwei Worte: „Father forgive" (Vater, vergib...")

Wenn man so will, war dies der Ursprung eines Versöhnungsgedankens, der viele Jahre später auch einmal einer evangelischen Kirche in Münster den Namen geben sollte: Als es um den Wiederaufbau der Kathedrale von Coventry ging, an dem sich junge Leute aus aller Welt – auch aus Westfalen – beteiligten, wurden unter den Trümmern zahlreiche große Zimmermannsnägel geborgen, die einst das

Zwei Zimmermannsnägel aus der alten Kathedrale von Coventry fügen sich im Zeichen der Versöhnung zum Kreuz.

schwere mittelalterliche Gebälk des Domes getragen hatten. Diese Nägel, so war die Idee, sollten nun in Form von Kreuzen wieder zusammengefügt werden, um damit den Sinn der ganzen Wiederaufbauarbeit zu deuten: ein Zusammenfügen dessen, was Haß und Entmenschlichung zerrissen hatten; Versöhnung der Völker, der Menschen nd Kirchen in aller Welt. Das Nagelkreuz von Coventry: ein Zeichen des Neuanfangs, der Bereitschaft zum Frieden und zur Versöhnung unter allen Völkern und Rassen.

Wie die 1963 eingeweihte Versöhnungskirche an der Ecke Friesenring/Martin-Luther-Straße, so gibt es bisher schon über 60 „Nagelkreuzzentren" in mehr als 20 Ländern der Erde. So sind beispielsweise in Berlin und Dresden, aber auch in Kapstadt, Hiroshima, Kalkutta und Wolgograd (Stalingrad) solche Zentren der Arbeit an der Idee der Versöhnung errichtet worden. Das Nagelkreuz auf dem Altar der Versöhnungskirche trägt die Sockelinschrift: „This cross is a symbol of Christian fellowship with the Church of Reconciliation Münster" (Dieses Kreuz ist ein Symbol der christlichen Gemeinschaft mit der Versöhnungskirche zu Münster)

Die Geschichte der Versöhnungskirche reicht zurück in das Jahr 1928. Damals erwarb die evangelische Kirchengemeinde Münster ein rund 4000 Quadratmeter großes Grundstück am Friesenring, inmitten von Wiesen und Feldern. Doch im Dritten Reich gab es keine Kirchenneubauten, und nach dem Krieg erhielt zunächst der Wiederaufbau den Vorrang. Erst im Jahre 1962 konnte der Bau eines Gemeindezentrums mit Kirche, Gemeindehaus und Pfarrerwohnung konkret angegangen werden. Besonders Fritzhermann Keienburg, damaliger Pfarrer an der Apostelkirche, trieb das Bauvorhaben voran.

Den Architektenauftrag erhielten Gerti Elliger und Hans-Jörg Gonser, die künstlerische Ausgestaltung wurde Rika Unger übertragen. Nach nur 16monatiger Bauzeit konnte das neue Gotteshaus dann am 6. Oktober 1963 von Präses D. Ernst Wilm eingeweiht werden. Niemand anders als der Propst der im modernen Stil wieder aufgebauten Cathedrale von Coventry, Provost Williams, war es, der an diesem Tag die Predigt hielt und als Zeichen der Verbundenheit das Nagelkreuz überreichte.

Pfarrer Karl-Anton-Hagedorn hebt bei vielen Gelegenheiten hervor, daß das „Nagelkreuz nicht als geschichtliches Relikt verstauben" dürfe, es müsse als Symbol „Wirkungen zeigen in der Gegenwart". Die Versöhnungsgemeinde, die heute rund 3000 Mitglieder zählt, versucht dies in die Alltagswirklichkeit umzusetzen. Im fürbittenden Gebet weiß sie sich mit den Nagelkreuzzentren in aller Welt verbunden. Zur Versöhnungs- und Friedensarbeit gehören aber neben Kontakten und Besuchen auch finanzielle Hilfen für „Krisenzentren der Erde, die heute Versöhnung brauchen" (Hagedorn), etwa für Nordirland, Südafrika, Israel und Indien. Auch die

ökumenischen Kontakte mit den katholischen Nachbargemeinden Dreifaltigkeit und St. Bonifatius stehen letztlich im Zeichen der überkonfessionellen Versöhnung. „Wenn wir unsere Kirche Versöhnungskirche nennen", sagt der Pfarrer, „so muß dieser Name immer wieder neu Programm und Auftrag sein, dem wir uns stellen wollen."

Zionskirche

Kirschgarten, Handorf (Lageplan Nr. 68)

Erster Adventssonntag des Jahres 1959. „Herr, weihe dieses Haus, das wir Zionskirche nennen wollen", schloß der Präses der Evangelischen Landeskirche von Westfalen, Wilm, die Weihehandlung ab. In diesem Augenblick erklangen zum ersten Mal von dem 16 Meter hohen Turm die drei neuen Glocken, zusammen 17 Zentner schwer. Ein schon lange gehegter Wunsch einer evangelischen Gemeinde in der „Diaspora" war in Erfüllung gegangen.

Das griechische Wort Diaspora (Zerstreuung) war damals und ist noch heute durchaus wörtlich zu verstehen: Die 2400 evangelischen Christen des Handorfer Pfarrbezirks, der zur Kirchengemeinde Telgte gehört, wohnen neben Handorf auch in Teilen der früheren Gemeinde St. Mauritz mit Laer und Gelmer. Den Diaspora-Charakter seiner Gemeinde sieht Pfarrer Gerhard Sandhagen u. a. darin belegt, daß es „im Pfarrbezirk nicht weniger als vier Gottesdienststellen" gibt: die Zionskirche, die Kapelle des evangelischen Altenheimes auf dem ehemaligen Flugplatz, die Grundschule in Gelmer und die Kapelle der Fachklinik Hornheide. Alle 14 Tage hält er an einem einzigen Wochenende fünf Gottesdienste.

Ende des 19. Jahrhunderts – so berichtet das Büchlein „Handorf – gestern und heute" – verzeichnete das rein katholische Werse-Dörflein ganze drei evangelische Einwohner; 1898 waren es fünf; bis 1925 stieg die Zahl auf 13 an, bis 1940 auf 173 und bis 1950 dann auf 847. Bis zum Ende des letzten Krieges gehörten die evangelischen Christen zur Kirchengemeinde Münster, dann zu Hiltrup und seit 1954 zu Telgte.

In der Gemeinde Handorf ein evangelisches Gotteshaus zu errichten, hatte sich in den fünfziger Jahren als immer dringlicher erwiesen. Denn mit dem Zuzug von Heimatvertriebenen, Flüchtlingen aus der sowjetischen Besatzungszone und von Soldaten der Bundeswehr (Dorbaum) hatte die evangelische Konfession in Handorf und St. Mauritz stark

„aufgeholt" . . . Und das stets reger werdende Gemeindeleben konnte sich auf Dauer in Behelfs- und Ausweichräumen eher schlecht als recht entfalten.

So wurde das Neubauprojekt mit großer Tatkraft angegangen. Seit dem Sommer 1955 führten die Gemeindemitglieder in großer Zahl allmonatlich Opfer und Beiträge für das neue Gotteshaus ab. 17 000 Mark konnte der Kirchbauverein auf diese Weise auf der Habenseite verbuchen. Das Baugelände am Kirschgarten (Bachstraße) wurde von der politischen Gemeinde Handorf erworben. „Es liegt in ruhiger Lage und doch inmitten des Ortskerns", schrieben damals die Zeitungen am Ort. Der Architektenauftrag ging an das Team Elliger und Gonser in Münster.

Die Zionskirche fügt sich nahtlos in die bauliche Umgebung ein. Schlicht die Klinkerverblendung des gottesdienstlichen Raumes und des zehn Meter entfernt stehenden, mit einer Pergola verbundenen Kirchturmes. Das Licht fällt durch die ganz aus Glaselementen bestehende Westwand in den Innenraum. Die Orgel auf der Empore wurde 1961 angeschafft.

Bis zu 240 Gläubige kann das Gotteshaus aufnehmen. Am 29. November 1959, dem Tag der feierlichen Einweihung, wollten allerdings so viele der Liturgie beiwohnen, daß die Weihehandlung nach draußen übertragen werden mußte. Aus dem ganzen Gemeindebezirk seien die Gemeindemitglieder herbeigeströmt, berichtete das Synodalblatt später in seiner Dezember-Nummer: „Manche von ihnen legten zu Fuß oder mit dem Fahrrad 20 Kilometer zurück". Die Kirchweihe wurde von einem Posaunenchor beziehungsreich mit dem Choral „Tut mir auf die schöne Pforte" eingeleitet. Sodann übergab der Architekt den Schlüssel der neuen Kirche an Präses Wilm. „Der gestrige Tag war ein Freudentag für Handorf", schrieben am Tag darauf die hiesigen Zeitungen.

Sonstige Kirchen

Evangelisch-Freikirchliche Christus-Kirche

(Baptistengemeinde) Hammer Straße   (Lageplan Nr. 69)

Die Evangelisch-Freikirchliche Gemeinde in Münster ist eine baptistische Freikirche. Wer das 1980 eingeweihte, Atmosphäre stiftende Gotteshaus an der Hammer Straße aufsucht, findet sogleich einen sichtbaren Beleg für die religiöse Ausrichtung: Die Christuskirche als dominierender Teil eines Gemeindezentrums verfügt direkt neben dem Abendmahlstisch über ein großes Bassin, das sich ganz mit Wasser füllen läßt zur Erteilung der Erwachsenentaufe: das „Baptisterium", sinnenfälliges Attribut der neutestamentlichen Gemeinde. Seit 1922 feiern evangelisch-freikirchliche Christen in Münster Gottesdienst.

Herausragende Persönlichkeiten wie der ermordete Bürgerrechtler Martin Luther King, der „Evangelist" Billy Graham und der frühere amerikanische Präsident Jimmy Carter waren und sind Mitglieder des Baptistischen Weltbundes, dem auch die hiesige Evangelisch-Freikirchliche Gemeinde angehört. 35 Millionen Menschen bekennen sich in aller Welt zur christlichen baptistischen Freikirche, die sich 1834 von Hamburg aus ausgebreitet hat.

„Wir verstehen uns als freie Kirche in einer freien Gesellschaft", interpretiert Pastor Erhardt Rippin, der gemeinsam mit dem geschäftsführenden Ältesten Emil-Christian Zagray an der Spitze der evangelisch-freikirchlichen Gemeinde steht. Nicht die „Christianisierung von Massen", sondern die Predigt des Evangeliums als glaubende Verkündigung sei das bestimmende Thema im neuen Gemeindezentrum. Da das „Credo", das Bekenntnis zum Glauben, ausdrücklich in voller Überzeugung und freiwillig abgelegt werden soll, lehnen die Baptisten die Kindertaufe ab und taufen nur Erwachsene.

Auf der Freiwilligkeit beruht neben der Mitarbeit in der Gemeinde auch die Finanzierung: Kirchensteuer widerspräche diesem Prinzip, deshalb wird der Finanzhaushalt (entsprechend das Gehalt des Pastors) ausschließlich durch Spenden getragen. Pastor Rippin: „Für die Kirche soll überzeugt und fröhlich gespendet werden". Folgerichtig ist diese „Freiwilligkeitskirche" von unten nach oben aufgebaut. Die Gemeindeversammlung trifft in demokratischer Weise alle Entscheidungen, doch steht die „Autorität Christi an erster Stelle", und die Heilige Schrift ist „alleinige Richtschnur für Glauben und Leben".

Zählt die Baptistengemeinde in Münster heute mehr als 230 Mitglieder, so waren es zu Anfang der zwanziger Jahre wenige Familien, die im Hause des Gemeindeältesten Karl Balks erste Gottesdienste feierten. Später fand sich die Gemeinde in Räumen der früheren Staatlichen Ingenieurschule am Aasee ein. 1957 wurde an der Weseler Straße die Christuskirche erbaut, Vorgängerin des heutigen Gotteshauses an der Hammer Straße. 1959 erlangte die Gemeinde ihre Selbständigkeit, nachdem sie bis dahin zur Bockum-Höveler Baptistengemeinde gehört hatte.

Wegen der ständig steigenden Mitgliederzahl wurde Ende der sechziger Jahre überlegt, die Christuskirche zu erweitern. 1973 aber kam die Gemeinde überein, an der Hammer Straße neuzubauen. 1976 erwarb sie ein Grundstück und verkaufte das alte. Den Entwurf für den Bau eines Gemeindezentrums mit Kirche lieferte der Gevelsberger Architekt Heinz-Ulrich Rahn. Im Frühjahr 1978 war die Grundsteinlegung, im Jahr darauf das Richtfest. Am 7. September 1980 konnte das Gemeindezentrum eingeweiht werden. Die Baukosten von rund 2,1 Millionen Mark deckte die Baptistengemeinde durch den Verkauf des alten Kirchgrundstückes, einen Landeszuschuß, ein Bankdarlehen und erhebliche Spenden aus den Reihen der Gemeindemitglieder.

Die zahlreichen Gruppen- und Gemeinderäume, dazu ein großer Versammlungsraum, haben sich sehr förderlich auf die Kommunikation in der evangelisch-freikirchlichen Gemeinschaft ausgewirkt. Frauengruppen, Jungschar, Bibelkreise, Teestube, Altentreff, Instrumentalkreis, Schulungen, Jugendgruppen, Gottesdienst: All diese Aktivitäten haben in dem großzügigen Gemeindezentrum, das vom Straßburger Weg erschlossen ist, viele Entfaltungsmöglichkeiten. Pastor Rippin: „Die Bereitschaft zum Mittun der Laien, das Wirken vieler ehrenamtlicher Mitarbeiter ist das eigentliche ‚Kapital' unserer Gemeinde . . ."

Synagoge der jüdischen Kultusgemeinde

Klosterstraße

Es war am 9. November 1938, ein Mittwochabend: Aus der alten, 1880 eingeweihten jüdischen Synagoge an der Klosterstraße schlugen lodernde Flammen. „Nicht löschen, brennen lassen", erschollen in dieser sogenannten Reichskristallnacht laute Rufe, als die Feuerwehr anrückte. Aber es wäre ohnehin zu spät gewesen. Noch am anderen Morgen schwelte das Holz- und Balkenwerk des einst so würdigen Sakralbaues. Dach und Kuppel waren eingestürzt; eine Brandwache verhinderte, daß die stark einsturzgefährdete, völlig zerstörte Synagoge betreten wurde. Diese Gewaltaktionen antisemitischen Hasses zur Zeit der Nazi-Tyrannei sollte noch keineswegs der letzte Beweis der braunen Machthaber für ihr menschenverachtendes Verständnis von „Judenpolitik" sein . . .

Die heutige Synagoge an der Klosterstraße 8/9, Nachfolgerin der 1938 an derselben Stelle zerstörten, ist das vierte jüdische Gotteshaus in Münster. Bereits 1127/28 hat sich nachweislich ein Jude namens Juda Ben David Halewi in dieser Stadt aufgehalten: der erste Nachweis von Judentum überhaupt in Münster. Daß es bereits Ende des 13. Jahrhunderts eine Synagoge gegeben hat, läßt sich dem Pfarrarchiv von St. Lamberti entnehmen: Die Juden zahlten drei Schillinge „Grundzehnt". Wo genau allerdings innerhalb des Lamberti-Kirchenbezirkes diese Synagoge stand, ist unbekannt. Schon 1349/50, im „Jahr des schwarzen Todes" (Pest), wurde die Synagoge zerstört, der 1301 urkundlich erwähnte Judenfriedhof konfisziert, die Gemeinde aufgelöst, die Juden vertrieben.

Seit dem 16. Jahrhundert fanden sich zwar mehrfach wieder Juden in Münster ein, doch war ihnen der Aufenthalt weitgehend nur zu den Marktzeiten und zur Erledigung geschäftlicher Angelegenheiten gestattet. Noch Mitte des 18. Jahrhunderts wurden lediglich fünf Herbergen als alleinige Aufenthaltsorte für Juden bereitgehalten. Erst 1819 legalisierte der preußische Minister des Innern die Niederlassung der Juden in Münster. Die alten Einstellungen hatten sich als sehr zählebig erwiesen. So konnte sich etwa der Jude Nathan Elias Metz aus Warendorf 1809 etwas darauf „zugutehalten", daß er in dem Antwortschreiben des Magistrats auf seinen Niederlassungsantrag hin nicht mehr mit „Jude", wie bis dahin üblich, sondern mit „Herr" tituliert wurde . . .

In nur vier Jahren wuchs die kleine jüdische Gemeinde von zwölf Personen auf 79 im Jahre 1816 an. 1834 wurde auf der Loerstraße eine neue Synagoge eingeweiht. Sie hatte bis 1880, dem Bau des dritten jüdischen Gotteshauses an der Klosterstraße, Bestand. Indes stieg die Zahl der Gemeindemitglieder unaufhörlich an – im Jahre 1910 lag sie bereits bei 637.

Zwischen 1933 und Kriegsende haben in Münster etwa 700 Juden gelebt. Nur etwas mehr als ein Drittel konnte sich durch Auswanderung vor dem Schicksal der Deportation und Ermordung retten. Nach der schändlichen Synagogenbrandstiftung mußte die Kultusgemeinde für die Abbruchkosten der Ruine in Höhe von 8700 Reichsmark noch selbst aufkommen. Das Grundstück kaufte ihr die Stadt zwangsweise für 28 000 Mark ab – unter Verrechnung des Abbruchpreises.

Nach dem Inferno des Krieges begann sich ganz allmählich wieder jüdisches Leben zu regen. Prof. Dr. Karl Heinrich Rengstorf, Direktor des Institutum Judaicum Delitzschianum, später: „Einige wenige Mitglieder der einstigen blühenden Gemeinde waren es nur, die aus der Nacht des Blutes, der Tränen, der Mißhandlungen, der Gewalt und des Hungers zurückgekommen waren. Sie alle waren in ihrer Lebensmitte getroffen und fragten, ob es denn überhaupt einen Sinn habe, einen neuen Anfang jüdischen Lebens in Münster zu wagen." In einem Warendorfer Privathaus fand im September 1945 der erste jüdische Gottesdienst statt, nach 1950 dann in einem Betraum am Kanonengraben 4, der früheren Marks-Haindorf-Stiftung.

Am 12. März 1961 weihte Landesrabbiner Dr. Hans Channoch Meyer die heutige – vierte – Synagoge ein, von Oberbürgermeister Dr. Busso Peus mit „Genugtuung und Freude" registriert. Die Stadt hatte das frühere Grundstück zurückgegeben (sie pflegt seither die Außenanlagen der Synagoge), und die Regierung Adenauer stellte der Kultusgemeinde im Rahmen der Wiedergutmachung Mittel zur Verfügung. Um

Ein Blick ins Innere der Synagoge: Hinten – traditionell vor der Ostwand – der Thoraschrein mit den Schriftrollen und das Lesepult.

den Wiederaufbau verdient gemacht haben sich Siegfried Goldenberg, Hugo Spiegel, Bernhard Brilling, Hermann Flath, Siegbert Lewin, Josef Rybak und Siegmund Spiegel. Architektonisch wohlgelungen, gruppieren sich um einen Innenhof die für das Gemeindeleben notwendigen Räumlichkeiten: Synagoge (110 Plätze), kleiner Betraum, Rabbinat, Gemeindesaal, Unterrichtsraum, „Mikwa" (rituelles Tauchbad), Jugendraum und Hausmeisterwohnung.

Das größte Problem der jüdischen Kultusgemeinde liegt heute – so Prof. Dr. Bernhard Brilling – in ihrer Überalterung: Sie umfaßt etwa 120 Seelen in Münster und dem Münsterland, ein Großteil von ihnen ist älter als 60 Jahre, nur 35 Personen sind jünger als 30. „Alle Zahlen sind rückläufig", erläutert Gemeindemitglied Dora Rappoport ganz offen, „wir machen uns Sorgen um unsere Zukunft und um Bestand und Weiterleben der Gemeinde . . .“

Alphabetisches Register

Bildernachweis

Matthias Ahlke: 126
Joachim Dürrich: 57, 125, 131, 135
Karl Hagemann: 8, 13, 21, 39, 53, 55,
  62, 68, 72, 81, 84, 87, 89, 93, 94,
  96, 109, 110, 111, 117, 119, 121,
  123, 137, 141
Foto Heller, Telgte: 26, 124
Werner Kleinicke: 2, 45, 97, 114
Rudolf Krause: 12

Foto/Verlag Muddemann: 29
Udo Reisener: 16
Friedhelm Thomas, Bielefeld: 113
Manfred Thomas: 7, 9, 10, 11, 17, 23,
  25, 27, 28, 31, 33, 34, 35, 37, 41,
  43, 47, 50, 58, 61, 63, 67, 71, 75,
  83, 85, 88, 92, 95, 101, 103, 107,
  115, 129, 133, 138, 139, 145

Westfälisches Landesamt für Denk-
  malpflege: 3, 4, 5, 14, 15, 18, 19,
  20, 44, 46, 48, 51, 52, 64, 65, 66,
  70, 74, 76, 77, 78, 79, 80, 90, 91,
  104, 105, 134, 146, 147